O PODER DA VERDADE

O PODER DA VERDADE

WILLIAM GEORGE JORDAN

TRADUÇÃO
Débora Isidoro

ns

SÃO PAULO, 2025

O poder da verdade

Editor: Luiz Vasconcelos
Coordenação editorial: Silvia Segóvia
Preparação: João Campos
Tradução: Débora Isidoro
Revisão: Marsely De Marco
Silvia Segóvia
Diagramação: Manoela Dourado
Capa: Marcelo Siqueira

Texto de acordo com as normas do Novo Acordo Ortográfico da Língua Portuguesa (1990), em vigor desde 1º de janeiro de 2009.

Dados Internacionais de Catalogação na Publicação (CIP)
Angélica Ilacqua CRB-8/7057

Jordan, William George
O poder da verdade / William George Jordan ; tradução de Débora Isidoro. -- Barueri, SP : Novo Século Editora, 2025.
128 p.

ISBN 978-85-428-1823-9
Título original: The power of truth: individual problems and possibilities

1. Autoajuda 2. Verdade 3. Moralidade I. Título II. Isidoro, Débora

25-1713 CDD 158.1

Índice para catálogo sistemático:
1. Autoajuda

Uma marca do Grupo Novo Século
Alameda Araguaia, 2190 – Bloco A – 11º andar – Conjunto 1111
CEP 06455-000 – Alphaville Industrial, Barueri – SP – Brasil
Tel.: (11) 3699-7107 | E-mail: atendimento@gruponovoseculo.com.br
www.gruponovoseculo.com.br

SUMÁRIO

O PODER DA VERDADE

A VERDADE É O ALICERCE DE TODO GRANDE CARÁTER. É lealdade, é viver a vida corajosamente em harmonia com nossos ideais, é sempre — poder.

A verdade sempre desafia qualquer definição que se pretenda completa e total. Como a eletricidade, só pode ser explicada pela observação de sua manifestação. É a bússola da alma, a guardiã da consciência, o parâmetro absoluto do que é certo. A verdade é a revelação do ideal, mas também uma inspiração para realizar esse ideal, um impulso constante para vivê-lo.

Mentir é um dos vícios mais antigos do mundo, sua estreia aconteceu na primeira conversa registrada da história, em uma famosa interação no Jardim do Éden. Mentir é sacrificar a honra para criar uma falsa impressão. É vestir-se com trajes mal talhados de virtude. A verdade se sustenta sozinha, não precisa de acompanhantes ou escolta. Mentiras são coisas covardes e temerosas que precisam andar em bando. Elas são como um grupo de homens bêbados, um tentando em vão amparar o outro. A mentira é parceira e cúmplice de todos os outros vícios. É a degradação moral na vida de um indivíduo.

A VERDADE É O ALICERCE DE TODO GRANDE CARÁTER.

A verdade é a mais antiga das virtudes; ela existe desde antes da humanidade, precedendo a existência do homem e sua capacidade de percebê-la ou aceitá-la. É o imutável, o constante. A lei é a verdade eterna da natureza, a unidade que sempre produz resultados idênticos sob condições idênticas. Quando um homem descobre uma grande verdade da natureza, apodera-se da chave para entender um milhão de fenômenos; quando ele descobre uma grande verdade moral, encontra nela a chave para o próprio renascimento espiritual. Não existe verdade teórica para o homem; uma grande verdade que não é incorporada à mente e à vida, que não se torna parte inseparável do viver, não é uma verdade real. Se conhecemos a verdade e não a vivemos, nossa vida é uma mentira.

O homem que faz da verdade seu lema é cuidadoso com suas palavras ao falar, procura ser preciso, não subestimar nem exagerar. Nunca afirma como fato aquilo de que não tem certeza. O que ele diz tem a aura da sinceridade, a marca registrada do ouro puro. Se ele te elogia, você aceita o que ele diz como um pacote completo, sem precisar resolver uma equação aritmética mental para calcular quanto deve descontar antes de aceitar a opinião. Suas promessas têm valor, você as aceita consciente de que são tão firmes quanto o vínculo entre vocês, sabe que ele vai provar e cumprir sua palavra com ações, custe o que custar. Sua honestidade não é política. O homem que é honesto só porque esta é "a melhor política" não é honesto de verdade, é só político. Normalmente, esse homem abandona sua pretensa lealdade à verdade e serve ao diabo, se dessa forma conseguisse melhores condições.

A MENTIRA É PARCEIRA E CÚMPLICE DE TODOS OS OUTROS VÍCIOS.

Verdade significa "aquilo em que alguém acredita". É viver simplesmente de acordo com nossa crença, é externalizar uma fé por meio de uma série de atitudes. A verdade é sempre forte, corajosa, viril e, ainda sim, gentil, calma e tranquila. Existe uma diferença vital entre erro e mentira. Um homem pode estar errado e viver corajosamente guiado por esse erro; já o mentiroso conhece a verdade, mas a renega. Um é leal ao que ele acredita, o outro trai o que sabe.

"O que é a verdade?" A grande pergunta que Pilatos fez a Cristo há quase dois mil anos ecoou, sem resposta, ao longo dos tempos. Temos constantes revelações de parte dessa resposta, vislumbres de porções sempre novas, mas nunca uma definição absoluta e definitiva. Se vivemos de acordo com a verdade que conhecemos, procurando conhecer sempre mais, assumimos a atitude de abertura espiritual para conhecer a verdade em toda a plenitude de sua força e poder. A verdade é o sol ou a moralidade e é como aqueles sóis menores no céu. Podemos caminhar guiados por sua luz, sentir seu calor e sua vida, mesmo vendo apenas uma pequena parte deles e recebendo só uma fração minúscula de seus raios.

Das grandes religiões do mundo, qual representa a verdade real, final, absoluta? Devemos fazer uma escolha e viver de acordo com ela da melhor forma possível. Cada nova seita, cada novo culto, traz em si ao menos um grão de verdade; é isso que chama a atenção e conquista adeptos. Essa sementinha de mostarda de verdade é muitas vezes superestimada, obscurecendo a visão do homem para as partes ou aspectos inverídicos das várias crenças religiosas. Entretanto, na exata proporção das verdades básicas que contêm, as religiões duram, crescem e tornam-se permanentes, satisfazendo e inspirando os corações dos homens. Já as ervas daninhas do erro crescem depressa, mas sua vitalidade se esgota e elas morrem, enquanto a verdade permanece viva.

VERDADE SIGNIFICA "AQUILO EM QUE ALGUÉM ACREDITA".

O homem que faz da aquisição de riquezas o grande objetivo e exigência de sua vida, vendo-a como um fim, em vez de um meio para o fim, não é verdadeiro. Por que o mundo geralmente faz da riqueza a medida de sucesso e dos ricos um sinônimo de realização? O verdadeiro sucesso na vida é a conquista individual de si mesmo, é "como ele conquistou a si mesmo", e não "como conquistou sua fortuna". A grande questão da vida não é "O que eu tenho?", mas "O que eu sou?".

O homem geralmente é leal àquilo que mais deseja. O homem que mente para economizar centavos só está declarando que alguns centavos valem mais que sua honra. Quem sacrifica seus ideais, sua verdade e seu caráter por dinheiro ou status, coloca a própria consciência em um prato da balança e um saco de ouro no outro. É leal ao que considera mais pesado, ao que mais deseja, o dinheiro. Mas a verdade não é isso. A verdade é a lealdade sincera ao abstrato correto, que se manifesta em situações concretas.

O comerciante que mente, trapaceia, engana e cobra caro demais, depois tenta se reconciliar com sua minguada consciência, alegando que "mentir é necessário para os negócios", é tão falso no discurso quanto nos atos. Ele se justifica com o mesmo argumento mesquinho de um ladrão que diz que precisa roubar para sobreviver. A prosperidade permanente de um indivíduo, de uma cidade ou de uma nação repousa, em última análise, apenas sobre a integridade comercial, apesar de tudo que os cínicos possam dizer ou de todas as exceções cujo sucesso temporário possa confundi-los. Só a verdade dura.

O VERDADEIRO SUCESSO NA VIDA É A CONQUISTA INDIVIDUAL DE SI MESMO.

O político que vacila, contemporiza, muda e vive ajustando suas velas para pegar todo sopro de popularidade é um trapaceiro que só tem sucesso até ser descoberto. Uma mentira pode até durar por um tempo, mas a verdade vive para sempre. Uma mentira nunca vive sustentada pela própria vitalidade; ela só continua existindo porque simula a verdade. Quando é desmascarada, ela morre.

Quando cada um dos quatro jornais de uma cidade alega que sua circulação é maior que a de todos os outros juntos, alguma coisa está errada. Onde há mentira, sempre há conflito, discrepância, impossibilidade. Se todas as verdades da vida e da existência, desde o início dos tempos ou de qualquer parte da eternidade, fossem reunidas, haveria perfeita harmonia, perfeito acordo, união e unidade, mas se duas mentiras se juntam, elas brigam e buscam destruir uma à outra.

É nas pequenas coisas do cotidiano que a verdade deve ser nosso guia e nossa inspiração constante.

A verdade não é um terno reservado para ocasiões especiais; é a roupa de todo dia, forte, bem-feita, durável.

O homem que esquece suas promessas é falso. Raramente perdemos de vista as promessas que são feitas para nos beneficiar; nós a tratamos como cheques que serão descontados na primeira oportunidade. "O avarento nunca esquece onde esconde seu tesouro", diz um antigo filósofo. Devemos cultivar a honra autêntica que torna nossa palavra suprema, sagrada a ponto de esquecê-la parecer um crime, a ponto de negá-la ser impossível.

O homem que diz coisas para agradar e faz promessas que para ele são leves como o ar, mas para o outro parecem a rocha sobre a qual a esperança de uma vida é construída, é cruelmente falso. Quem não honra seus compromissos, deixa de cumpri-los ou os ignora, é o ladrão imprudente do tempo alheio. Demonstra egoísmo, falta de cuidado e uma moralidade frouxa nos negócios. É falso até nas mais simples questões da vida.

É NAS PEQUENAS COISAS DO COTIDIANO QUE A VERDADE DEVE SER NOSSO GUIA E NOSSA INSPIRAÇÃO CONSTANTE.

Homens que se indispõem com sua consciência, que enganam os outros com discurso sagaz e habilidoso, que pode até ser verdadeiro nas palavras, mas é falso em espírito e recitado deliberadamente para criar uma falsa impressão, são os mais covardes dos mentirosos. Esses homens conseguiriam trair até mesmo se estivessem presos em uma solitária. Como assassinos, perdoam seu crime ao se parabenizarem pela esperteza do álibi.

O pai que prega honra ao filho e mente a idade da criança ao motorista para economizar alguns centavos não é verdadeiro.

O homem que deixa sua religião adormecida a semana toda e a desperta apenas aos domingos não é verdadeiro. Aquele que procura receber o maior salário pela menor quantidade possível de serviço prestado não é verdadeiro. O homem que tem que ninar sua consciência antes que ele mesmo possa dormir não é verdadeiro.

A verdade é a linha reta da moral. É a menor distância entre um fato e a expressão dele. As bases da verdade devem ser construídas na infância. É quando os pais devem incutir na mente jovem a escolha instantânea e automática da verdade, fazendo dela a atmosfera constante da mente e da vida. Ensine à criança que seu lema de vida deve ser "verdade acima de todas as coisas".

Os pais cometem um grande erro quando consideram a mentira uma doença moral; nem sempre ela é a doença propriamente dita, às vezes é um sintoma. Por trás de cada inverdade existe um motivo, uma causa, e é essa causa que deve ser removida. A mentira pode ser resultado do medo, uma tentativa de esconder um erro e fugir da punição; pode ser apenas a expressão de uma imaginação hiperativa; pode revelar maldade ou obstinação; pode ser resultado da ânsia por elogios, que leva a criança a chamar atenção e chocar os outros com histórias fabulosas; pode ser apenas falta de cuidado ao falar, a imprudência na escolha das palavras; e pode ser a ganância, que a transforma em serviçal do roubo. Mas se na vida da criança ou do adulto o sintoma aparece para denunciar a doença, e se então ela é tratada, a verdade se recupera e a saúde moral é restaurada.

Dizer constantemente para uma criança não mentir é dar vida e intensidade à "mentira". O método verdadeiro é acelerar os músculos morais a partir do lado positivo, incentivar a criança a ser honesta, fiel, leal e não ter medo da verdade. Enalteça sempre a nobreza da coragem de falar a verdade, de viver o que é certo, de se apegar a princípios honrados nas pequenas coisas, e a criança nunca vai precisar ter medo de enfrentar as crises da vida.

AS BASES DA VERDADE DEVEM SER CONSTRUÍDAS NA INFÂNCIA.

Os pais devem viver a verdade, ou a criança não a viverá. A criança surpreenderá você com sua rapidez em furar a bolha de seu conhecimento fingido, em penetrar instintivamente o coração de um sofisma sem sequer ter consciência do que faz, em relacionar de maneira incansável suas promessas não cumpridas e apontar com a justiça de um tribunal uma tecnicidade da sua fala que é praticamente uma mentira. Ela vai justificar os próprios lapsos de verdade apelando para alguma mentira inofensiva contada às visitas e, sem que você suspeitasse, ouvida pelos pequenos, cujas capacidades mentais sempre subestimamos em tese, apesar de as enaltecermos em discurso. Ensine à criança de mil maneiras, direta e indiretamente, o poder da verdade, a beleza da verdade e a doçura e a tranquilidade de ter a verdade como companhia.

E se esta for de fato a base sólida do caráter da criança, não apenas na teoria, o futuro dela está garantido até onde é possível prever o futuro de um ser humano.

O poder da verdade em seus mais altos, puros e exaltados estágios se baseia em quatro linhas básicas de relações — o amor à verdade, a busca pela verdade, a fé na verdade e o trabalho pela verdade.

O amor pela verdade é a fome cultivada por ela em si mesma e por si mesma, sem nenhuma preocupação com o que pode custar, que sacrifícios pode acarretar e que teorias ou crenças de uma vida inteira podem ser abandonadas. Em sua fase suprema, essa atitude de vida é rara, mas, se um indivíduo não se dispõe a *começar* a pôr-se em harmonia com essa visão, ele apenas engatinhará pela verdade, quando poderia caminhar por ela bravamente. Com o amor pela verdade, o indivíduo sente desprezo por fazer coisas mesquinhas, independentemente de quanto ganhe, ainda que seja o mundo inteiro. Ele não sacrificaria a aprovação do próprio padrão elevado por ganho algum, não desviaria voluntariamente a agulha de seus pensamentos e ações do verdadeiro norte, como o conhece, nem por um milímetro sequer. Ele mesmo saberia do desvio, e isso seria o suficiente. De que importa o que o mundo pensa, se ele teria a própria desaprovação?

ENALTEÇA SEMPRE A NOBREZA DA CORAGEM DE FALAR A VERDADE.

O homem que tem uma certa crença religiosa e teme debatê-la, ou corre o risco de ser desmentido, não é leal à sua crença, só tem uma fidelidade covarde aos próprios preconceitos. Se fosse amante da verdade, estaria disposto a abrir mão de sua crença a qualquer momento por uma fé mais elevada, melhor e mais verdadeira.

O homem que vota no mesmo partido político ano após ano, sem se preocupar com questões, pessoas ou problemas, votando dessa mesma maneira só porque sempre votou assim, está sacrificando a lealdade à verdade devido a um apego fraco e equivocado a um desgastado precedente. Tal homem, portanto, deveria se manter em um berço pela vida toda, afinal foi onde passou seus primeiros anos.

A busca pela verdade significa que o indivíduo não deve somente seguir a verdade que enxerga, mas deve procurar, até onde puder, saber se está certo. Quando o navio de guerra americano Kearsarge naufragou no Roncador Reef, o capitão estava navegando de acordo com o mapa. Contudo, o mapa que ele usava era antigo; o recife submerso não estava marcado. Lealdade a padrões ultrapassados é sinônimo de estagnação. Na China, ainda se ara terra hoje com a mesma ferramenta de quatro mil anos atrás. A busca pela verdade sob o espírito do progresso — na civilização e na moral, ao mesmo tempo em que nos faz agressivos e ousados na nossa própria vida, nos ensina a ser gentis e empáticos com os outros.

A vida dessas pessoas pode representar uma etapa pela qual passamos no nosso progresso, ou uma que devemos tentar alcançar. Podemos então nos parabenizar sem condená-las. Nem todas as verdades do mundo estão restritas à nossa crença. Nem todo sol do mundo está iluminando nossa porta. Devemos sempre falar a verdade, mas sempre com amor e gentileza. A verdade deve sempre estender a mão do amor; nunca a mão que empunha uma clava.

A fé na verdade é companhia essencial, até perfeita para a verdade. O indivíduo precisa ter perfeita confiança e segurança no triunfo final do correto, da ordem e da justiça, e acreditar que todas as coisas estão evoluindo na direção da conclusão divina, por mais sombria e pavorosa que a vida possa parecer no dia a dia. Nenhum sucesso genuíno ou felicidade duradoura pode existir sem estar fundamentado na solidez da verdade. A prosperidade que é baseada em mentira, enganação e intriga é só temporária — não pode durar mais do que um cogumelo sobrevive a um carvalho. Como o Sansão cego lutando no templo, o indivíduo cuja vida é baseada em trapaças sempre derruba as colunas de sustentação do próprio edifício e perece nas ruínas. Seja qual for o preço que um homem pode ter que pagar pela verdade, ela ainda será barata. As mentiras alheias nunca podem nos ferir por muito tempo, no fim, sempre trazem nossa absolvição. Durante o cerco de Sebastopol[1], os projéteis russos que ameaçavam destruir um forte abriram uma fonte de água escondida na colina e salvaram o povo sedento que pretendiam matar.

Trabalhar no interesse e pelo avanço da verdade é parte necessária de qualquer interação. Se um homem tem amor pela verdade, se busca encontrá-la e tem fé nela, mesmo quando não consegue encontrá-la, não vai trabalhar para disseminá-la? A maneira mais forte para um homem fortalecer o poder da verdade é vivê-la ele mesmo em todos os detalhes de pensamento, palavra e atos — tornar-se um sol de radiação pessoal da verdade e deixar sua influência silenciosa falar por ela e seus

1 O Cerco de Sebastopol (1854 a 1855) foi o combate mais importante ocorrido durante a Guerra da Crimeia.

atos a glorificarem até onde for possível em sua esfera de vida e ação.

NENHUM SUCESSO GENUÍNO OU FELICIDADE DURADOURA PODE EXISTIR SEM ESTAR FUNDAMENTADO NA SOLIDEZ DA VERDADE.

Que o homem busque primeiro *ser* antes de tentar ensinar ou impor qualquer tipo de crescimento moral.

Que o homem perceba que a verdade é essencialmente uma virtude *intrínseca* em sua relação com ele mesmo, mesmo que não haja nenhum outro ser humano vivo; ela se torna *extrínseca* quando ele a espalha em sua vida diária. A verdade é primeiro honestidade intelectual — a avidez de conhecer o que é certo; depois é honestidade moral — a mais elevada para viver o que é certo.

A verdade não é mera ausência de vícios. Isso é apenas um vácuo moral. Verdade é a respiração viva e pulsante das virtudes da vida. Refrear-se de praticar malfeitos não é mais que manter o mato fora do próprio jardim da vida. Mas é algo que deve anteceder o plantio positivo das sementes do certo para garantir as flores do viver verdadeiro. Aos negativos dos Dez Mandamentos devem-se acrescentar os positivos das Bem-aventuranças[2]. Um condena, o outro elogia, um proíbe, o outro inspira; um enfatiza o ato, o outro, o espírito por trás do ato. Toda a verdade repousa não em um dos dois, mas em ambos.

NEM TODAS AS VERDADES DO MUNDO ESTÃO RESTRITAS À NOSSA CRENÇA.

Um homem não pode realmente acreditar em Deus sem acreditar no triunfo final inevitável da verdade. Se você tem a verdade a seu lado, pode passar ileso pelo vale escuro da calúnia, da deturpação e do abuso, como se vestisse a armadura mágica que nenhuma bala pode ultrapassar, nenhuma flecha pode penetrar. Pode manter a cabeça erguida, andar sem medo e desafiante,

2 Ensinamentos proferidos por Jesus no Sermão da Montanha.

encarar cada homem com calma e firmeza como um rei vitorioso que, sobre seu cavalo, retorna à frente de suas legiões com bandeiras tremulantes e lanças brilhantes, embalado pela música das cornetas. Pode sentir a grande onda expansiva de saúde moral que o invade enquanto o sangue corre mais depressa pelo corpo daquele que se orgulha e alegra de ter saúde física. Você vai saber que tudo dará certo, no fim, *tem* quer dar, que o erro terá que fugir diante da grande luz branca da verdade, como a escuridão se desfaz na presença da luz do sol. Depois, com a verdade como seu guia, sua companheira, sua fonte de inspiração, você vibra com a consciência de sua proximidade com o infinito e todas as mesquinhas provações, tristezas e aflições da vida desaparecerão como visões temporárias e inofensivas vistas em um sonho.

A CORAGEM PARA ENFRENTAR A INGRATIDÃO

INGRATIDÃO, O PECADO MAIS COMUM DA HUMANIDADE, é a amnésia do coração. Ela é a revelação do vazio da falsa lealdade. O indivíduo que a tem descobre que ela é o caminho mais curto para todos os outros vícios.

Ingratidão é um crime mais desprezível que vingança, que retribui o mal com o mal — a ingratidão retribui o bem com o mal. Pessoas ingratas raramente esquecem quem fez o bem a elas. Seu coração microscópico se ressente contra a humilhação de ter sido ajudado por alguém superior, e esse sentimento incômodo que se infiltra em sua natureza mesquinha geralmente termina em ódio e traição.

Gratidão é agradecimento expresso em ação. É a radiação instrutiva da justiça, que dá nova vida e energia ao indivíduo que a emana. É o reconhecimento da bondade pelo coração, algo que os lábios não podem retribuir. A gratidão nunca contabiliza seus pagamentos, ela percebe que nenhum débito de bondade pode ser prescrito, nem mesmo cancelado, mas sempre é pago inteiramente. A gratidão sente sempre a insignificância de suas parcelas; a ingratidão, a nulidade da dívida. A gratidão é o florescimento de uma semente de bondade; a ingratidão é a inatividade morta de uma semente lançada sobre uma pedra.

A expectativa de gratidão é humana; estar acima da ingratidão é quase divino. Desejar o reconhecimento de nossos atos de bondade e ansiar por apreciação e pela simples justiça do retorno do bem com o bem é natural. Mas o homem nunca alcança a dignidade do viver verdadeiro até ter a coragem de ousar enfrentar a ingratidão com calma e seguir seu caminho inabalado quando suas boas obras encontram ingratidão ou desdém.

O homem deve ter apenas um tribunal de apelação para seus atos; não deve questionar: “Qual será o resultado?”, “Como isso será recebido?”, mas “Isso é certo?” Então deve viver sua vida em harmonia apenas com esse padrão, com coragem, lealdade e sem hesitar, fazendo do “certo pelo certo” seu ideal e sua inspiração.

INGRATIDÃO, O PECADO MAIS COMUM DA HUMANIDADE, É A AMNÉSIA DO CORAÇÃO.

O homem não deveria ser uma máquina de gás automática, sabiamente construída para liberar uma determinada quantidade de iluminação em troca do estímulo de uma moeda. Ele deveria ser como o grande sol que sempre irradia luz, calor, vida e força, porque não pode fazer diferente. Porque essas qualidades ocupam o coração do sol e tê-las significa que ele deve oferecê-las constantemente. Que a luz do sol de nossa empatia, ternura, de nosso amor, reconhecimento, influência e bondade sempre emane de nós como um brilho para iluminar e fortalecer os outros. Mas que nunca estraguemos tudo isso andando pela vida colecionando recibos, como passaportes, para colar na pasta de nossa autoaprovação.

É difícil ver aqueles que se sentaram à nossa mesa nos dias de prosperidade fugindo como de um contágio quando o infortúnio assombra nossa porta; ver a lealdade em que teríamos apostado nossa vida, que parecia firme como rocha, rachar e se quebrar como vidro fino no primeiro teste real; saber que o fogo da amizade no qual podíamos aquecer as mãos na hora de necessidade se transformou em cinzas frias, das quais o calor é apenas uma lembrança dolorosa.

Perceber que aquele que um dia viveu no santuário de nossa afeição, na completa confiança que tornava a conversa parecida com um solilóquio e a quem nossos objetivos e aspirações foram expostos sem nenhuma reserva esteve secretamente envenenando as águas de nossa reputação e nos minando com suas mentiras e traições é realmente difícil. Mas não importa o quanto a ingratidão nos machuque, temos que conter a lágrima, sorrir com serenidade e tentar esquecer.

Por justiça a nós mesmos, não devemos permitir que a ingratidão de alguns nos faça condenar o mundo todo. Damos muita atenção a alguns insetos humanos quando deixamos que suas atitudes erradas destruam nossa fé na humanidade. Os cínicos mentem quando dizem que "todos os homens são ingratos", que "todos os homens têm seu preço". Se desejamos receber o bem da humanidade, precisamos confiar nela. Quem pensa que toda a humanidade é vil é um pessimista que confunde sua introspecção com observação; ele olha para o próprio coração e pensa ver o mundo. É como um estrábico que nunca enxerga o que parece estar olhando.

A confiança e o crédito são os pilares dos negócios e da sociedade. Remova-os dos negócios, e as atividades e os empreendimentos do mundo parariam em um instante, ruiriam e mergulhariam no caos. Retire do indivíduo a confiança na humanidade, e ele se tornará apenas um egocêntrico, o único homem bom que sobrou, fazendo hora extra para alimentar seu rancor mesquinho contra o mundo porque alguns a quem ele ajudou antes foram ingratos.

NÃO IMPORTA O QUANTO A INGRATIDÃO NOS MACHUQUE, TEMOS QUE CONTER A LÁGRIMA, SORRIR COM SERENIDADE E TENTAR ESQUECER.

Se um homem recebe um dólar falso, não perde imediatamente toda fé no dinheiro — pelo menos não existem casos registrados na história do país. Se enfrenta três ou quatro dias seguidos de mau tempo, não diz: "O sol deixou de existir, certamente não teremos mais dias luminosos até o fim dos tempos".

Se o café da manhã de um homem se torna uma lembrança desagradável porque algum alimento ultrapassou o prazo de validade, ele não deixa de comer. Se um homem encontra sob uma árvore uma maçã com um buraco de aparência suspeita em um lado, ele não condena todo o pomar; apenas limita sua crítica àquela maçã. Mas aquele que ajudou alguém que, mais tarde, não foi aprovado no teste da gratidão diz com uma voz chorosa e carregada de injúria: "Tive minha experiência, aprendi minha lição. Esta é a última vez que tenho fé em algum homem. Eu fiz isso e aquilo por ele, e agora veja o resultado!".

Em seguida, ele relaciona uma longa lista de favores, cuidadosamente discriminados e somados, até que se pareça com a folha de pagamento de uma grande empresa. Ele reclama da injustiça de um homem, mas está disposto a ser injusto com o mundo inteiro, fazendo-o suportar a punição pelo erro de um indivíduo. Já existe muito sofrimento imposto nesta nossa terra sem essa tentativa de ampliá-lo ao distribuir a ingratidão de um homem. Se um homem bebe demais, não é justiça mandar o mundo inteiro para a cadeia.

O fazendeiro não espera que cada semente que planta com esperança e fé caia em boa terra e produza sua colheita; ele tem absoluta certeza de que não será assim, não pode ser assim. Ele conta com o resultado final de muitas sementes, com a colheita de todas, não com a colheita de uma. Se você realmente quer gratidão e precisa tê-la, disponha-se a fazer de muitos homens seus devedores.

Quanto mais altruísta, caridosa e exaltada forem a vida e a missão do indivíduo, maior será o número de casos de ingratidão que terão que ser enfrentados e superados. Os trinta anos da vida de Cristo foram uma tragédia de ingratidões. A ingratidão se manifesta em três graus de intensidade no mundo — ele conheceu todos em inúmeros exemplos amargos.

SE DESEJAMOS RECEBER O BEM DA HUMANIDADE, PRECISAMOS CONFIAR NELA.

A primeira fase, a mais simples e mais comum, é a da falta de agradecimento por descuido, como foi demonstrado no caso dos dez leprosos curados em um dia. Nove partiram sem dizer uma palavra sequer, apenas um agradeceu.

A segunda fase da ingratidão é a negação, um pecado absoluto, não a mera negação de um agradecimento. Isso foi exemplificado em Pedro, cujo desejo egoísta de causar boa impressão a duas criadas e alguns espectadores, na hora em que teve a oportunidade de ser leal a Cristo, o fez esquecer sua amizade, esquecer toda a dívida que tinha com o Mestre e o negou, não uma ou duas vezes, mas três vezes.

A terceira fase da ingratidão é a traição, quando o egoísmo se torna vingativo, como vimos em Judas, o honrado tesoureiro do pequeno grupo de treze, cujo ciúme, ingratidão e trinta moedas de prata possibilitaram a tragédia do Calvário.

Esses três graus — ingratidão, negação e traição — mostram toda a gama da ingratidão, e o primeiro leva ao segundo, e o segundo prepara o caminho para o terceiro.

Precisamos ser sempre superiores à dependência da gratidão humana, caso contrário, não conseguiremos realizar nada verdadeiramente grandioso ou nobre. A expectativa de gratidão tira o brilho de algo que de outro modo seria virtuoso. Apaga até nossas melhores ações. A maioria das pessoas vê a gratidão como uma tarifa protetora das virtudes. O homem que deixa de fazer o bem devido à ingratidão dos outros está servindo a Deus com base em um salário. Ele é um soldado contratado, não um voluntário. Deve ser honesto o suficiente para admitir que está trabalhando por uma recompensa; como uma criança, ele é bom por esperar uma recompensa. Na verdade, só considera sua gentileza e suas outras expressões de bondade como um estoque moral que está disposto a manter apenas enquanto lhe render dividendos.

Nessa vida há sempre um toque de pose, uma expectativa de aplausos da plateia. Devemos deixar que a consciência de fazer o certo, de viver de acordo com nossos ideais seja nossa recompensa e estímulo, ou a vida será para nós apenas uma série de fracassos, tristezas e decepções.

Grande parte da aparente ingratidão vem de como ampliamos nossos atos e minimizamos os atos dos outros. Podemos ter superestimado a importância de algo que fizemos; pode ter sido alguma coisa trivial, puramente incidental, mas o trabalho maravilhoso do tear do tempo trouxe grandes e inesperados resultados ao destinatário do nosso favor. Muitas vezes sentimos que nos é devida uma imensa gratidão, embora não tenhamos sido de forma alguma a inspiração do sucesso que observamos com tanto orgulho. Uma apresentação de um amigo a um conhecido que encontramos na rua, por uma infinidade de motivos, pode torná-lo um milionário. Podemos merecer um obrigado pela apresentação, e talvez nem isso, pois o encontro pode ter sido inevitável, mas certamente erramos ao esperar que o outro seja humildemente grato a nós pelos milhões que acabe ganhando.

PRECISAMOS SER SEMPRE SUPERIORES À DEPENDÊNCIA DA GRATIDÃO HUMANA.

A verdadeira essência da gentileza reside na bondade com que é praticada. Alguns homens parecem impedir toda gratidão, quase a tornam impossível, pela maneira como concedem favores. Eles fazem com que você se sinta muito pequeno, mesquinho, inferior; suas bochechas queimam de indignação ao aceitar a bênção que busca nas mãos deles. Você sente que aquilo é como um osso jogado a um cachorro. Não há a elegância rápida e simpática que antecipa suas explicações, e o dispensa da necessidade de agradecer com um sorriso, o prazer de um amigo que foi favorecido com a oportunidade de servir a outro.

O homem que faz o outro se sentir como um inseto se debruçando sobre um fogão em brasa enquanto recebe um favor não tem o direito de esperar gratidão futura, deve se dar por satisfeito se receber perdão.

Vamos esquecer as boas ações que fizemos tornando-as pequenas, comparadas com as coisas maiores que estamos fazendo e os atos ainda maiores que esperamos fazer. Esta é a verdadeira generosidade, e desenvolverá gratidão na alma daquele que foi ajudado, a menos que esteja tão petrificado no egoísmo que torne isso impossível. Mas lembrar constantemente um homem dos favores que ele recebeu de você quase cancela a dívida. A preocupação com os números deveria ser privilégio dele; você está usurpando sua prerrogativa quando os traz de volta. Tivemos a sorte de poder servir alguém, mas nem por isso deveríamos agir como se tivéssemos uma hipoteca sobre sua imortalidade e esperar sua eterna adulação.

O que muitas vezes parece ingratidão pode ser apenas nossa ignorância sobre aspectos sutis da natureza humana. Às vezes, o coração de um homem está tão cheio de gratidão que ele não consegue falar, e nessa intensidade de sua apreciação sente que meras palavras são insignificantes, mesquinhas e inadequadas, e a profundidade da eloquência de seu silêncio é mal compreendida. Às vezes, a consciência de sua incapacidade de retribuir desenvolve um estranho orgulho — pode ser gratidão autêntica, embora insensata em sua falta de expressão —, uma determinação de não dizer nada, até ter a oportunidade que espera para poder fazer de sua gratidão uma realidade. Existem inúmeros casos em que a verdadeira gratidão tem toda a aparência da mais vil ingratidão, da mesma forma que certas plantas inofensivas são feitas pela natureza para se assemelharem à hera venenosa.

Ingratidão é a declaração de alguém de que você não é mais necessário para ele; é frequentemente expressão de rebeldia motivada pela descontinuação de favores. As pessoas raramente são ingratas até que tenham esgotado suas avaliações. Expressões profusas de gratidão não cancelam uma dívida, como uma nota promissória não liquida uma conta. É um começo, não uma finalidade. A gratidão que é extravagante em palavras é geralmente econômica em todas as outras expressões.

A VERDADEIRA ESSÊNCIA DA GENTILEZA RESIDE NA BONDADE COM QUE É PRATICADA.

Nenhum ato de bondade realizado no mundo morre. A ciência nos diz que nenhum átomo de matéria pode ser destruído, que nenhuma força, uma vez iniciada, acaba; apenas passa por diversas fases em constante mutação. Cada boa ação feita aos outros é uma grande força que inicia uma pulsação sem fim no decorrer do tempo e da eternidade. Podemos não saber, podemos nunca ouvir uma palavra de gratidão ou reconhecimento, mas tudo vai voltar para nós de alguma forma, tão naturalmente, tão perfeitamente, tão inevitavelmente quanto o eco responde ao som. Talvez não como esperamos recebê-la, mas em algum momento, de alguma forma, em algum lugar, isso volta como a pomba que Noé enviou da Arca com sua reveladora folha verde.

Vamos pensar na gratidão em seu sentido mais amplo e belo: se recebermos alguma gentileza, somos devedores não apenas de um homem, mas do mundo inteiro. Como estamos todos os dias em dívida com milhares pelos confortos, alegrias, consolações e bênçãos da vida, vamos entender que é somente pela gentileza com todos que podemos começar a pagar a dívida com um, começar a fazer da gratidão a atmosfera de toda nossa vida e uma expressão constante em atitudes, em vez de meros pensamentos. Que possamos ver a triste covardia e a injustiça da ingratidão, não a levar muito a sério nos outros, não a condenar muito severamente, mas simplesmente bani-la para sempre de nossa vida e fazer de cada hora de nossa vida a irradiação da doçura da gratidão.

PESSOAS QUE VIVEM EM CASTELOS DE AREIA

MORAR EM UM CASTELO DE AREIA É TÃO LUCRATIVO quanto ser dono de metade de um arco-íris. Não é mais nutritivo do que um jantar de doze pratos[3] — consumidos em um sonho. Castelos de areia são construídos de momentos dourados de tempo e seu único valor está na matéria-prima, que logo se desvaloriza.

A atmosfera dos castelos de areia é densa e opressiva, carregada com o incenso de esperanças passageiras e ideais ilusórios. Neles, o homem se acalenta na inatividade sonhadora com as canções dos feitos grandiosos que vai realizar, da grande influência que algum dia terá, da

3 Um jantar de doze pratos, como os celebrados na Polônia e Ucrânia durante o Natal, podem representar os doze apóstolos de Jesus.

vasta riqueza que será dele em algum momento, de alguma forma, em algum lugar, nos dias rosados e ensolarados do futuro. O erro arquitetônico nos castelos de areia é que o proprietário os constrói embaixo de suas torres douradas nas nuvens, em vez de os erigir sobre um alicerce sólido e firme de propósito e energia.

A ambição, quando unida a uma energia incansável, é algo extraordinário, mas por si só tem pouco valor. O homem não pode alcançar coisas mais elevadas pelo que gostaria de realizar, mas apenas pelo que se esforça para fazer. Para ter valor, a ambição deve sempre se manifestar em ardor, determinação, energia consagrada a um ideal. Se for assim reforçada, assim combinada, o castelo fino e arejado derrete no nada, e o indivíduo se vê sobre uma nova base forte de rocha sólida, sobre a qual, dia a dia e pedra por pedra, pode erguer uma poderosa estrutura material de trabalho de vida para durar pelo tempo e pela eternidade. O castelo de areia sempre representa o trabalho de um arquiteto sem um construtor; significa planos nunca colocados em execução. Ele nos diz que o homem é o arquiteto das próprias fortunas. Mas se ele for apenas arquiteto, fará só um castelo de areia de sua vida; ele precisa ser arquiteto e construtor também.

A AMBIÇÃO, QUANDO UNIDA A UMA ENERGIA INCANSÁVEL, É ALGO EXTRAORDINÁRIO, MAS POR SI SÓ TEM POUCO VALOR.

Viver no futuro é viver em um castelo de areia. O amanhã é o túmulo em que os sonhos do sonhador, do trabalhador que não trabalha, estão enterrados. O homem que diz que levará uma vida nova e melhor amanhã, que promete grandes coisas para o futuro, e ainda assim não faz nada no presente para tornar esse futuro possível, está vivendo em um castelo de areia. Em sua arrogância, tenta realizar um milagre; busca transformar água em vinho, ter colheita sem tempo de semeadura, ter um fim sem um começo.

Se quisermos tornar nossa vida digna, grandiosa e nobre, devemos trocar castelos de areia feitos de sonhos por fortalezas feitas de ação. Todo homem com um ideal tem o direito de viver no seu brilho e inspiração, de imaginar a alegria da realização, como o viajante cansado enche a mente com o pensamento do brilho do lar para acelerar seus passos e fazer os quilômetros cansativos parecerem mais curtos, mas o trabalhador nunca deve realmente se preocupar com o futuro, deve pensar pouco nele, exceto como inspiração, para determinar seu rumo, como os marinheiros estudam as estrelas, para traçar seus planos com sabedoria e preparar-se para esse futuro, tornando cada dia o melhor e mais verdadeiro que puder.

Aproveitemos ao máximo nossas possibilidades a cada dia. Temos apenas um dia para viver: *hoje*. Já *vivemos* ontem, *poderemos* viver o amanhã, mas *temos* apenas a garantia do hoje.

O segredo de viver de verdade — mental, física e moral, material e espiritual — pode ser declarado em uma única frase: viva de acordo com a parte que lhe cabe. Esta é a fórmula mágica que transforma castelos de areia em fortalezas.

VIVER NO FUTURO É VIVER NUM CASTELO DE AREIA.

Às vezes, os homens se tornam mais brandos e generosos quando pensam no que fariam se uma grande riqueza chegasse até eles. "Se eu fosse um milionário", dizem, deixando a frase derreter na boca como se fosse caramelo, "eu patrocinaria a genialidade; fundaria uma faculdade; construiria um grande hospital; ergueria imóveis para abrigar quem precisa; mostraria ao mundo o que é a verdadeira caridade". Ah, é tudo tão fácil, tão fácil essa benevolência por procuração, esse investimento da fortuna de outras pessoas! De acordo com as últimas estatísticas, poucos de nós temos um milhão, mas todos nós temos alguma coisa, uma parte disso. Vivemos de acordo com nossa parte? Somos generosos com o que temos?

O homem que é egoísta com pouco dinheiro não vai se tornar um anjo generoso quando tiver milhões. Se o espírito generoso for uma realidade no indivíduo, em vez de ostentação vazia, ele encontrará oportunidade de manifestá-lo a todo momento. A disseminação da bondade não precisa ser expressa em dinheiro. Pode ser demonstrada com um sorriso, um gesto de empatia, uma palavra de companheirismo com os que sofrem e enfrentam dificuldades, o estender instintivo de uma mão amiga para alguém em necessidade.

Nenhum homem vivo é tão pobre que não possa manifestar seu espírito de bondade para um semelhante. Pode tomar a forma rara e belíssima da caridade divina, percebendo com que frequência um motivo é mal-interpretado em uma atitude, como o pecado, a tristeza e o sofrimento distorcem e encobrem o bem latente, substituindo uma palavra gentil de tolerância por um falso brilho de cinismo mesquinho que se disfarça de sagacidade. Se não somos ricos o suficiente para oferecer somente "dinheiro", que sejamos pelo menos ricos para doar "palavras". Deixemos nossos castelos de areia de vago autoenaltecimento por gastarmos com tanta sabedoria os milhões que nunca vimos e vamos nos elevar à dignidade de viver de acordo com as nossas posses, mesmo que sejam poucas. Vamos encher o mundo ao nosso redor de amor, brilho, doçura, gentileza, ajuda, coragem e simpatia, como se essas fossem as únicas moedas legais e nós fôssemos Monte Cristos[4] com tesouros incalculáveis desse ouro sempre à nossa disposição.

4 O *Conde de Monte Cristo* é um romance de aventura escrito por Alexandre Dumas (pai), em que o marinheiro Edmond Dantès, preso injustamente, trava amizade com um abade que lhe indica uma misteriosa fortuna.

A ATMOSFERA DOS CASTELOS DE AREIA É DENSA E OPRESSIVA, CARREGADA COM O INCENSO DE ESPERANÇAS PASSAGEIRAS E IDEAIS ILUSÓRIOS.

Vamos parar de dizer "se eu fosse" e dizer sempre "eu sou". Vamos parar de viver no modo subjuntivo e começar a viver no indicativo. A grande defesa da humanidade quando acusada de não cumprir os deveres é a "falta de tempo". O clamor constante por tempo seria patético, não fosse pelo fato de a maioria jogar fora mais do que usa. O tempo é a única posse realmente valiosa do homem, pois sem isso todo poder dentro dele deixa de existir. No entanto, ele desperdiça de maneira imprudente seu grande tesouro, como se fosse algo sem valor. A riqueza do mundo inteiro não poderia comprar um segundo de tempo. No entanto, os assassinos da sociedade ousam dizer em público que estão "matando o tempo". A falácia do tempo colocou mais pessoas em castelos de areia do que todas as outras causas combinadas. A vida é tempo; a eternidade é apenas mais tempo; a imortalidade é o direito do homem de viver no tempo sem fim.

"Se eu tivesse uma biblioteca, eu leria", é a queixa insólita de algum outro inquilino de um castelo de areia. Se um homem não lê os dois ou três bons livros que tem ou pode conseguir, não leria nem se tivesse todos os volumes disponíveis empilhados à sua cabeceira, nem se um serviço de entrega lhe trouxesse livros diários para encher sua prateleiria. O tempo sacrificado à leitura de jornais sensacionalistas poderia ser consagrado à boa leitura se o indivíduo estivesse disposto a viver de acordo com sua parcela de oportunidades.

O homem que espera alguma crise na vida para poder mostrar uma coragem poderosa, enquanto não está usando nenhuma porção dessa coragem para enfrentar com bravura as pequenas provações, tristezas e desapontamentos da vida diária, vive em um castelo de areia. É só um pardal olhando com inveja para os penhascos da montanha em que a águia resistente constrói seu ninho, sonhando ser um pássaro grande como ela, talvez até ousando de uma forma condescendente criticar seu método de voo e se enfeitar com as medalhas que poderia ganhar por voar, se ao menos voasse.

É o heroísmo do dia a dia que dá vida a toda a força de um homem em uma emergência, que dá a ele a confiança de que, quando a necessidade chegar, estará pronto.

O castelo de areia representa qualquer ilusão ou loucura que faça o homem trocar a vida real por uma existência ociosa, vaga. Viver em castelos de areia significa que um homem vê a vida de um ponto de vista errado. Permite que seu eu inferior domine seu eu superior; aquele que deveria se erguer como um poderoso conquistador acima da fraqueza humana, do pecado e da loucura que ameaçam destruir sua melhor natureza prende em próprios pulsos as algemas do hábito que o mantém escravo. Ele perde a coroa de sua realeza porque vende o direito real de primogenitura por facilidade e conforto temporários e pelas coisas vistosas do mundo, sacrificando tudo que há de melhor nele por mera riqueza, sucesso, posição ou aplausos do mundo. Ele abandona o trono da individualidade pelo delírio do castelo de areia.

VAMOS ENCHER O MUNDO AO NOSSO REDOR DE AMOR, BRILHO, DOÇURA, GENTILEZA, AJUDA, CORAGEM E SIMPATIA.

O homem que se cobre com o manto napoleônico de seu egoísmo, hipnotizando-se para acreditar que é superior a todos os outros, que os binóculos do universo se voltam em sua direção e que ele ocupa o palco sozinho, é melhor acordar. Ele está vivendo em um castelo de areia. Aquele que, como Narciso, se apaixona pelo próprio reflexo e pensa ter o monopólio da grande obra do mundo, cuja presunção se desprende dele como a fumaça da garrafa mágica dos gênios e se espalha até encobrir e ocultar o universo, está vivendo em um castelo de areia.

O homem que acredita que toda a humanidade está unida em conspiração contra ele, que sente que sua vida é a mais difícil do mundo e deixa que as preocupações, tristezas e provações que acometem todos nós, escondam o sol glorioso de sua felicidade, encobrindo seus olhos para os privilégios e bênçãos que tem, está vivendo em um castelo de areia.

A mulher que pensa que a criatura mais bonita do mundo surge em seu espelho e troca sua herança real de uma vida nobre por farsas, ciúmes, loucuras, frivolidades e pretensões da sociedade está vivendo em um castelo de areia.

O homem que faz da riqueza seu deus, em vez de servo, que está determinado a ficar rico a qualquer custo e está disposto a sacrificar honestidade, honra, lealdade, caráter, família — tudo o que deveria ter de mais caro — por uma pilha de sacos de dinheiro é, apesar das vestes macias, apenas um pobre rico vivendo em um castelo de areia.

O homem ultraconservador, vítima de conteúdo falso, que não tem planos, nem ideais, nenhuma aspiração além da rotina monótona de deveres diários em que se move como um peixe dourado em um aquário, é frequentemente vaidoso o suficiente para se gabar da falta de evolução com clichês baratos e gastos criados por aqueles que ele permite que pensem por ele. Não percebe que fidelidade aos deveres, em seu sentido mais elevado, significa o objetivo constante de cumprir deveres mais elevados, vivendo, tanto quanto possível, o máximo de suas possibilidades, não se arrastando no mínimo delas com resignação. Qualquer máquina faz isso, mas homens de verdade sempre buscam alcançar utilidades mais elevadas, caso contrário estarão vivendo em um castelo de areia.

Com desprezo condescendente, ele desdenha do homem de propósito sério e ponderado que vê seu objetivo muito à frente, mas está disposto a pagar qualquer preço honesto para alcançá-lo; contente em trabalhar dia a dia de maneira incessante, em meio à tempestade e ao estresse, ao sol e à sombra, com a sublime confiança de que a natureza está armazenando cada parcela de seu esforço, que, embora os tempos muitas vezes pareçam sombrios e o progresso seja pequeno, os resultados virão se ele tiver coragem para lutar com coragem até o fim. Este homem não vive em um castelo de areia; ele apenas batalha com o destino pela posse de sua herança e tem o caráter fortalecido por essa luta, mesmo que talvez não consiga tudo que deseja.

O HOMEM QUE FAZ DA RIQUEZA SEU DEUS É APENAS UM POBRE RICO VIVENDO EM UM CASTELO DE AREIA.

O homem que permite que o arrependimento por erros passados ou a tristeza por oportunidades perdidas o impeçam de recriar um futuro de orgulho a partir dos novos dias a ele confiados está perdendo muito da glória de viver. Ele repudia o maná da nova vida dado a cada dia, simplesmente porque usou mal o maná de anos atrás. É duplamente insensato, porque tem a sabedoria de sua experiência passada e não lucra com ela, apenas por causa de um mecânico arrependimento inútil e mórbido. Ele vive em um castelo de areia.

O homem que passa seu tempo lamentando a fortuna que já teve, ou a fama que alçou voo para o esquecimento, desperdiçando seu precioso tempo na construção de novos monumentos no cemitério de realizações passadas e de sua antiga grandeza, fazendo quem ele *foi* pedir desculpas constantemente por quem ele *é*, vive em um castelo de areia. Para o mundo e para o indivíduo, um ovo de nova esperança e determinação com sua maravilhosa possibilidade de vida nova é maior que mil ninhos cheios de ovos de sonhos mortos ou ambições não realizadas.

O que impede um homem de viver sua melhor, mais verdadeira e mais elevada vida agora, no presente, se for algo que ele mesmo coloca como um obstáculo no próprio caminho para o progresso e o desenvolvimento, é para ele um castelo de areia.

Alguns homens vivem no castelo de areia da indolência; outros no castelo de areia da dissipação, do orgulho, da avareza, do engano, da intolerância, da preocupação, da intemperança, da injustiça, da intolerância, da procrastinação, da mentira, do egoísmo ou de alguma outra característica mental ou moral que os afasta dos verdadeiros deveres e privilégios da vida.

A VIDA É TEMPO; A ETERNIDADE É APENAS MAIS TEMPO; A IMORTALIDADE É O DIREITO DO HOMEM DE VIVER NO TEMPO SEM FIM.

Que possamos descobrir qual é o castelo de areia em que cada um de nós passa a maior parte de seu tempo para então podermos começar uma recriação de nós mesmos. A escravidão do castelo de areia deve ser combatida de maneira nobre e incansável.

À medida que o homem passa horas, dias e semanas em um castelo de areia, os delicados fios e linhas da estrutura fantasma, semelhantes a teias de aranha, gradualmente se tornam menos e menos diáfanos, começam a ficar mais e mais firmes, fortalecendo-se com os anos, até que, finalmente, paredes sólidas o cercam. Então ele se surpreende com a terrível descoberta de que hábito e habitação transformaram seu castelo de areia em uma prisão da qual é difícil escapar.

E então ele aprende que a mais enganosa e perigosa de todas as coisas é o castelo de areia.

ESPADAS E BAINHAS

É costume de Estados e nações oferecer espadas como agradecimento e símbolo de honraria aos líderes vitoriosos de seus exércitos e marinhas. A espada oferecida ao Almirante Schley pelo povo da Filadélfia no fim da guerra da América com a Espanha custou mais de três mil e quinhentos dólares na época, a maior parte desse valor foi investida nas joias e decorações da bainha[5]. Pouco mais de meio século atrás, quando o general Winfield Scott, que nomeou o almirante Schley, recebeu uma linda espada do estado da Louisiana, perguntaram o que ele havia achado do presente.

"É uma espada muito bonita, de fato", ele disse, "mas tem algo nela que eu gostaria que fosse diferente.

---

5 Estojo em que se guarda a lâmina de um punhal, espada ou de outro objeto semelhante, para protegê-la de desgaste ou oxidação.

A inscrição deveria estar na lâmina, não na bainha. A bainha pode ser tirada de nós; a espada, nunca."

O mundo gasta muito tempo, dinheiro e energia na bainha da vida; muito pouco na espada. A bainha representa a exibição ao exterior, a vaidade; a espada representa o valor intrínseco. A bainha é sempre a aparência; a espada, a realidade. A bainha é o temporal; a espada é o eterno. A bainha é o corpo; a espada é a alma. A bainha tipifica o lado material da vida; a espada, o verdadeiro, o espiritual, o ideal.

O homem que não tem coragem de seguir as próprias convicções, mas vive com medo do que a sociedade dirá, prostrando-se diante do bezerro de ouro da opinião pública, está vivendo uma vida vazia, mera exibição. Sacrifica sua individualidade, seu direito divino de viver em harmonia com os próprios ideais elevados, por um medo covarde e bajulador do mundo. Ele não é uma voz com a nota forte do propósito individual; é só o eco fraco da voz de milhares. Ele não está polindo, afiando e usando a espada de sua vida na verdadeira guerra; está enfeitando de maneira preguiçosa uma bainha inútil com os hieróglifos de sua loucura.

A INVEJA É A CONTEMPLAÇÃO MALICIOSA DA BELEZA, DA HONRA, DA FELICIDADE OU DO SUCESSO ALHEIO.

O homem que vive além de suas possibilidades, que hipoteca o futuro por seu presente, que é generoso antes de ser justo, que sacrifica tudo para acompanhar a procissão de seus superiores está realmente perdendo muito da vida. Ele também enfeita a bainha e deixa a espada enferrujar nela. A vida não é competir com os outros. No seu sentido mais verdadeiro, é a rivalidade com você mesmo. Temos que tentar todos os dias quebrar o recorde do nosso ontem. Devemos procurar a cada dia viver vidas mais fortes, melhores e mais verdadeiras; tentar a cada dia dominar alguma fraqueza de ontem; reparar loucuras passadas; superar a nós mesmos. E isso não é mais que progresso. E, para o indivíduo, progresso consciente, progresso sem fim e ilimitado é a única grande coisa que o diferencia de todos os outros animais. Então, não vamos dar importância às belas decorações inúteis da aprovação da sociedade na bainha. Para nós, basta saber que a lâmina do nosso propósito é mantida sempre afiada e pronta para a defesa do certo e da verdade, nunca para prejudicar os direitos dos outros, mas sempre para corrigir nossos erros e os daqueles que nos cercam.

A VIDA NÃO É COMPETIR COM OS OUTROS... É A RIVALIDADE COM VOCÊ MESMO.

Reputação é o que o mundo pensa de um homem; caráter é o que ele realmente é. Qualquer um pode brincar com a reputação de um homem; seu caráter é só dele. Ninguém pode ferir seu caráter, a não ser ele mesmo. Caráter é a espada; reputação é a bainha. Muitos homens perdem o sono guardando sua reputação, enquanto não se preocupam em nada com seu caráter. Frequentemente, causam novos arranhões no próprio caráter na tentativa de entalhar uma filigrana profunda e enganosa na bainha da reputação. Reputação é a casca que um homem descarta quando deixa a vida pela imortalidade. O caráter ele leva consigo.

A mulher que faz doações milionárias a causas de caridade e é dura e pouco caridosa em seus julgamentos, é solidária com o pecado humano, enquanto se julga onisciente em sua dura condenação de lapsos individuais, é caridosa apenas na aparência. Ela deixa a língua desfazer a boa obra das mãos. É entusiasmada demais com a decoração da bainha da publicidade para pensar na espada do verdadeiro amor pela humanidade.

Aquele que carrega a avareza a ponto de se tornar um sovina, acumulando ouro inútil porque não cumpre sua única função, a de circular, e considera luxos as necessidades da vida é uma das piadas da natureza, algo que seria cômico, se não fosse trágico. Ele é o animal mais difícil de classificar em toda a história natural da humanidade — tem muitas virtudes. É um exemplo impressionante de ambição, economia, frugalidade, persistência, força de vontade, abnegação, lealdade ao propósito e generosidade com seus herdeiros. Entretanto, desvirtua essas nobres qualidades na sua aplicação. Sua especialidade é a bainha da vida. Ele passa seus dias fazendo uma bainha de ouro maciço para a espada de uma existência desperdiçada.

O ar de ostentação, a extravagância e a prodigalidade patéticas de alguns que enriqueceram de repente é dourar a bainha sem melhorar a lâmina. O verniz superficial do refinamento realmente acentua a vulgaridade natural. Quanto mais polir a madeira, mais se revela o grão. Alguns homens, brindados repentinamente pela fortuna, têm a sabedoria de adquirir o refinamento real por meio de treinamento cuidadoso. Esse é o verdadeiro método de cuidar da espada, em vez de enfeitar a bainha.

O HOMEM QUE NÃO TEM CORAGEM DE SEGUIR AS PRÓPRIAS CONVICÇÕES, ESTÁ VIVENDO UMA VIDA VAZIA.

A moça que se casa apenas por dinheiro ou por um título é uma versão feminina e atual de Esaú[6]. Ela vende seu direito natural ao amor por um nome vazio, desistindo da possibilidade de uma vida de amor, tudo o que a verdadeira feminilidade deveria valorizar mais, por uma mera bolsa de ouro ou uma coroa. Decora a bainha com um brasão e desenhos heráldicos, com ornamentos de puro ouro cravejados de pedras preciosas. Ela sente que isso basta para a vida, que não precisa de amor — amor verdadeiro que transforma este mundo

6 Alusão à passagem bíblica em Gênesis que relata os irmãos Esaú e Jacó.

em um paraíso, apesar da presença de outrem. Não percebe que há apenas uma razão real, só uma justificativa para o casamento, que é o amor; todos os outros motivos não são razões, são apenas desculpas. A frase "casar com um homem por seu dinheiro", como o mundo diz sem rodeios, é incorreta; a mulher se casa apenas com o dinheiro, e leva o homem como um ônus ou uma hipoteca sobre a propriedade.

O homem que procrastina, enchendo seus ouvidos com a adorável canção do "amanhã", segue o método mais fácil e tranquilo para reduzir as possibilidades da vida. Procrastinar é sufocar a ação pelo atraso, matar a decisão pela inatividade, é estar à deriva no rio do tempo, em vez de remar com bravura na direção de um porto desejado. É observar a areia escorrendo na ampulheta antes de começar qualquer novo trabalho, depois inverter o vidro e repetir a observação. A loucura do homem em postergar dessa maneira é aparente, quando a qualquer segundo sua vida pode parar, e as areias daquela hora única podem seguir seu curso, sem que ele esteja lá para ver. O atraso é o narcótico que paralisa a energia. Quando perguntaram a Alexandre como ele conquistou o mundo, ele disse: "Sem demora". Não deixemos para amanhã o dever de hoje, aquilo que a mente diz que deve ser feito hoje e mente e corpo devem executar. O hoje é a espada que devemos empunhar e usar; o amanhã é só a bainha da qual cada novo hoje é retirado.

O homem que adota um ar opressor e pomposo de dignidade porque realizou algum pequeno trabalho importante, porque usa um manto temporário de autoridade, perde de vista a verdadeira perspectiva da vida. Ele é destituído de humor; ele se leva a sério. É uma bainha onerosa para uma espada barata.

REPUTAÇÃO É O QUE O MUNDO PENSA DE UM HOMEM; CARÁTER É O QUE ELE REALMENTE É.

O homem invejoso é vítima do vício mais antigo da história do mundo, o mais vil e desprezível dos traços humanos. Começou no Jardim do Éden, quando Satanás invejou Adão e Eva. Causou a queda do homem e o primeiro assassinato — o ato nada fraternal de Caim para Abel. A inveja é um vício paradoxal. Não consegue suportar com bravura a prosperidade do próximo, tem azia mental porque outro está se banqueteando, faz as próprias roupas virarem trapos quando vê o veludo de outro. A inveja é a contemplação maliciosa da beleza, da honra, da felicidade ou do sucesso alheio. É a lama que a inferioridade joga no sucesso. A inveja é a gangrena da ambição insatisfeita, corrói o propósito e mata a energia. É egocentrismo germinado; sempre encontra o segredo de seu insucesso em algo fora de si mesmo.

A inveja é a bainha, rivalidade é a espada. A emulação considera o sucesso do outro uma lição objetiva; busca no triunfo do outro o porquê, a razão, a inspiração de método. Procura alcançar as mesmas alturas pelo caminho que assim descobre, não derrubando de sua posição aquele que aponta o caminho da realização. Vamos manter a espada da emulação sempre brilhante e afiada na batalha do esforço honesto, em vez de permitir que perca o fio e enferruje na bainha da inveja.

A suprema loucura do mundo é o ateísmo, a profundeza mais sombria em que a mente humana pode mergulhar. Certamente é digno de pena aquele que permite que a filosofia ilógica de infiéis mesquinhos, ou suas interpretações erradas das revelações da ciência, o afastem de seu Deus. Ele fixa sua fé em algum sofisma engenhoso do raciocínio daqueles cujos livros leu para ter o resumo de todo o problema e, em egotismo impotente, fecha os olhos para o milhão de provas na natureza e na vida, porque os planos completos da Onipotência não são esclarecidos para ele.

Com base no detalhe de não entender algum ponto — talvez seja por isso que pecado, tristeza, sofrimento e injustiça existem no mundo — ele declara que não acredita. Poderia muito bem descrer no céu acima dele, porque não consegue ver tudo; desacreditar no ar que respira, porque é invisível; duvidar da magnitude do oceano, porque a visão fraca só consegue alcançar alguns quilômetros do grande mar; negar até mesmo a própria vida por não conseguir vê-la, por nenhum anatomista ter encontrado sua essência para ser tocada pelo bisturi.

A SUPREMA LOUCURA DO MUNDO É O ATEÍSMO, A PROFUNDEZA MAIS SOMBRIA EM QUE A MENTE HUMANA PODE MERGULHAR.

Ele ousa desacreditar em Deus apesar de Suas inúmeras manifestações, porque não é admitido na total confiança do Criador e autorizado a olhar e verificar os planos básicos do universo. Ele embainha a espada da crença na bainha suja da infidelidade. Ele não vê a prova de Deus no milagre diário do nascer e do pôr do sol, nas estações, nos pássaros, nas flores, nas inúmeras estrelas que se movem em majestosa regularidade sob o comando da lei eterna, na presença do amor, da justiça, da verdade nos corações dos homens, naquela suprema confiança que é inata na humanidade, fazendo até o mais selvagem adorar o infinito de alguma forma. É a vaidade mesquinha do raciocínio barato que faz o homem permitir que a bainha inadequada da infidelidade esconda dele a glória da espada da crença.

A filosofia de espadas e bainhas é tão verdadeira para nações quanto para indivíduos. Quando a França cometeu o grande crime do século XIX ao condenar Dreyfus à infâmia e ao isolamento, ensurdecendo seus ouvidos aos gritos de justiça e buscando encobrir a vergonha com uma vergonha ainda maior, ela guardou a espada da honra de uma nação na bainha do crime de uma nação. A quebra da espada de Dreyfus quando ele foi cruelmente degradado diante do exército representou a degradação da nação francesa ao quebrar a espada da justiça e preservar cuidadosamente a bainha vazia com sua inscrição irônica: "*Vive la justice*".

A bainha é sempre inútil na hora da emergência; *então* é na própria espada que devemos confiar. Nessa hora, a inutilidade da exibição, farsa, pretensão, da fraqueza revestida de ouro nos é revelada. Então as trivialidades da vida são vistas em sua verdadeira forma. A inutilidade de tudo que não é real, testado, verdadeiro se torna luminoso em um instante. Sabemos então se nossa vida tem sido de verdadeira preparação, de manter a espada limpa, pura e pronta, ou se apenas marcamos diariamente de maneira preguiçosa e sem sentido os sinais da tolice na bainha vazia de uma vida desperdiçada.

A CONQUISTA DO EVITÁVEL

ESTE MUNDO SERIA UM LUGAR MARAVILHOSO PARA SE viver, se não fosse pelas pessoas, as causadoras de todos os problemas. O maior inimigo do homem é sempre o homem. Ele começou a atribuir a outra pessoa a responsabilidade de suas transgressões no Jardim do Éden e nunca mais parou.

A maior parte da dor, tristeza e miséria na vida é só uma invenção humana, mas o homem, com irreverência covarde, ousa jogar a responsabilidade em Deus. Isso se dá pelo desrespeito às leis, sejam elas naturais, físicas, cívicas, mentais ou morais. O homem conhece essas leis, mas não as respeita; ele aceita mudanças; acha que pode se esquivar dos resultados de alguma maneira. Mas a natureza diz: “Quem faz, paga”. Não há leis mortas nos livros dos estatutos divinos da vida.

Quando um homem permite que uma procissão de tochas desfile por um paiol de pólvora, não é cortês da parte dele explicar a explosão subsequente como "uma das misteriosas obras da Providência".

Nove décimos da tristeza, do infortúnio e da infelicidade do mundo são evitáveis. Os jornais diários são os grandes cronistas do domínio do desnecessário. Parágrafo após parágrafo, coluna após coluna e página após página de histórias sombrias — acidentes, desastres, crime, escândalo, fraqueza humana e pecado — podem ser marcados com a palavra "evitável". Em cada caso, se nossas informações fossem completas o suficiente, se a análise fosse suficientemente perspicaz, poderíamos rastrear cada uma dessas histórias à sua causa, à fraqueza ou ao erro do qual ela nasceu. Às vezes é descuido, desatenção, negligência com o dever, avareza, raiva, ciúme, dissipação, traição de confiança, egoísmo, hipocrisia, vingança, desonestidade — qualquer uma de uma centena de coisas evitáveis.

O MAIOR INIMIGO DO HOMEM É SEMPRE O HOMEM.

O que pode ser prevenido, deve ser prevenido. Tudo depende do indivíduo. O "prevenível" existe em três graus: primeiro, o que é causado pelo indivíduo única e diretamente; segundo, o que ele sofre em consequência das transgressões daqueles que o cercam, outras pessoas; terceiro, aqueles casos em que ele é a vítima desnecessária das transgressões da sociedade, o herdeiro inocente da loucura da humanidade — e a sociedade não é mais que a coleção de milhares de indivíduos com a herança de maneiras, costumes e leis que receberam do passado.

Às vezes nos sentimos deprimidos e cansados ao enfrentar o fracasso, quando a fortuna ao alcance de nossas mãos escapa por causa da inveja, malícia ou traição de outra pessoa. Nós nos curvamos sob o peso de uma tristeza que faz o brilho da vida se apagar escurecendo nossa esperança; ou enfrentamos algum infortúnio desnecessário com um desespero mudo e desamparado. "Está tudo errado", dizemos, "é cruel, é injusto. Por que isso é permitido?" E na própria intensidade de nosso sentimento repetimos as palavras de maneira meio inconsciente, muitas vezes em interação monótona, como se de alguma forma a própria repetição pudesse trazer alívio, pudesse nos acalmar, de algum jeito. No entanto, na maioria dos casos, isso poderia ser evitado.

Nenhum sofrimento é causado no mundo por direito. Qualquer sofrimento evitável é consequência de algum tipo de desarmonia ou erro.

Na economia divina do universo, a maior parte do mal, da dor e do sofrimento é desnecessária, mesmo quando superada pelo bem, e, se nosso conhecimento fosse perfeito, talvez víssemos que nada é necessário, tudo é evitável. A culpa é minha, ou sua, ou a culpa é do mundo. É sempre individual. O mundo é só a força unida e coesa de pensamentos, palavras e ações de milhões de pessoas que viveram ou vivem, como você e eu. O grande erro que causa nossa tristeza evitável foi construído por indivíduos, e por indivíduos ele deve ser enfraquecido e transformado em acerto. E isso também é, em grande parte, nossa culpa; nos preocupamos muito pouco com despertar o sentimento público, associá-lo à atividade, a menos que isso nos afete individualmente.

NENHUM SOFRIMENTO É CAUSADO NO MUNDO POR DIREITO.

A antiga fábula grega de Atlas, o rei africano que sustentava o mundo sobre os ombros, tem uma aplicação moderna. O *indivíduo* é o Atlas sobre o qual repousa o peso do mundo. Portanto, que cada pessoa dê o seu melhor, e o resultado será determinado; é apenas uma questão de união inabalável das partes. Que cada indivíduo suporte sua parte com tanta fidelidade quanto se toda a responsabilidade repousasse sobre ele, mas com a mesma calma, brandura e despreocupação que teria, se toda a responsabilidade repousasse sobre os outros.

A maioria dos acidentes é evitável — como em Balaclava[7], "alguém errou". Um dos grandes desastres do século XIX foi a inundação de Johnstown, em que o rompimento de uma barragem causou a perda de mais de seis mil vidas. A enchente não foi um mero acidente, foi um crime. A barragem com vazamento, cuja insegurança era conhecida havia mais de um ano e que, sabia-se, não poderia suportar nenhum aumento de pressão, ficava localizada na parte mais alta do vale. Abaixo dela existia uma cadeia de vilas habitadas por mais de quarenta e cinco mil pessoas, que estavam na linha direta da inundação. Quando as chuvas pesadas chegaram, a barragem enfraquecida

7 Na Batalha de Balaclava, ocorrida na Guerra da Crimeia, graças a uma avaliação superficial e apressada da situação, a cavalaria inglesa foi dizimada pelo exército russo.

cedeu. Se houvesse um indivíduo, um membro do Clube de Pesca South Fork corajoso o suficiente para ter cumprido apenas seu dever, *um* só membro com a coragem de mover seus companheiros e promover uma ação pública para tornar a barreira segura, mais de seis mil assassinatos poderiam ter sido evitados.

Quando um engenheiro cansado e sonolento em consequência da sobrecarga no trabalho não consegue mais enganar a necessidade de seu necessário descanso, cochila por um momento em sua cabine e não vê a luz vermelha que anuncia perigo, ou não ouve a explosão do torpedo de advertência, o desastre que se segue não pode ser atribuído ao Todo-Poderoso. É apenas o resultado terrível do esforço de uma empresa ferroviária para economizar dois dólares. Um grama de prevenção vale seis quilos de perícia do legista. É um crime colocar a segurança e a sacralidade da vida humana na balança com a economia mesquinha que resulta de transformar um homem em máquina e esquecer que ele tem alma e corpo. Leis trabalhistas reais, justas e sábias são as armas da sociedade para combater o que se pode ser evitado.

QUALQUER SOFRIMENTO EVITÁVEL É CONSEQUÊNCIA DE ALGUM TIPO DE DESARMONIA OU ERRO.

Quando um incêndio terrível deixa uma cidade desolada e uma nação de luto, a investigação que acontece a seguir geralmente mostra que um pouco de previdência humana poderia ter prevenido, ou pelo menos reduzido, o horror de tudo isso.

Se produtos químicos ou dinamite foram armazenados em qualquer edifício diferente do que a sensata legislação considera seguro, alguém foi cruelmente descuidado. Talvez seja algum inspetor indigno de confiança que permitiu que subornos anestesiassem seu senso de dever. Se a falta de escadas de incêndio adiciona sua contribuição ao número de mortes, ou se a avareza do proprietário fez de seu prédio uma armadilha incendiária, o sentimento público se agita, os jornais são justamente eloquentes nos protestos e nas demandas de que o culpado seja punido. "Se as leis que existem não cobrirem a situação", ouvimos todos os dias, "novas leis serão formuladas para impedir a repetição da tragédia";

promete-se todo tipo de reformas; o ar parece pulsar com um espírito de regeneração; a temperatura da indignação pública sobe a ponto de "calor febril" ser uma expressão amena e inadequada.

Então, quando o horror começa a se dissipar no passado, os homens silenciosamente retornam aos próprios assuntos e deveres pessoais, e a poderosa e justa onda de protesto que ameaçava tanto morre em ondinhas suaves lambendo a praia. O que era preocupação de todos os homens parece não preocupar mais ninguém. A tremenda energia das autoridades é como o gesto de um homem bêbado, que parte do ombro com uma força que poderia quase derrubar um boi, mas se esgota ao alcançar a mão, que cai apática com força suficiente apenas para perturbar a serenidade de uma borboleta. Há sempre um pequeno progresso, um ligeiro avanço, e é apenas o acúmulo constante desses passos que dá ao mundo maior domínio sobre o evitável.

Vigilância constante é o preço do domínio do evitável. Não temos o direito de admitir nenhum erro ou mal no mundo como necessário, antes de esgotarmos todas as precauções que a sabedoria humana é capaz de sugerir para impedi-lo. Quando um homem portando uma pistola na mão direita, coberta desajeitadamente por um lenço de aparência suspeita, avançou em uma fila de pessoas e, ao estender a mão esquerda para o Presidente McKinley, pressionou a arma contra o peito do chefe executivo do povo americano, alguém do serviço secreto, homens pagos pela nação para proteger seu governante, deveria estar suficientemente atento à ação para impedir a tragédia. Dois presidentes já haviam sido sacrificados; mas vinte anos de trégua provocaram uma sensação onírica de segurança que diminuiu a vigilância. Devíamos seguir o exemplo das companhias de seguros que recusam certos riscos "extremamente altos".

LEIS TRABALHISTAS REAIS, JUSTAS E SÁBIAS SÃO AS ARMAS DA SOCIEDADE PARA COMBATER O QUE SE PODE SER EVITADO.

A pobreza não tem lugar necessário na vida. É uma doença que resulta da fraqueza, do pecado e do egoísmo da humanidade. A natureza é ilimitada em sua generosidade; o mundo produz o suficiente para dar comida, roupa e conforto a cada indivíduo. A pobreza é evitável.

Pode resultar de indolência, ociosidade, intemperança, imprevidência, falta de propósito ou incorreção do próprio indivíduo.

Se as causas não estão no indivíduo, elas podem ser encontradas na segunda categoria, no erro daqueles que o cercam, na opressão da força de trabalho pelo capital, no processo de moagem com que as corporações tentam esmagar o indivíduo, que pode ser vítima de qualquer uma das mil possibilidades de erro dos outros. Já a pobreza causada pela terceira categoria, a fraqueza e a injustiça das leis e instituições humanas, também é evitável, mas destruir suas causas requer tempo e esforço heroico conjunto de todos os indivíduos.

Na batalha contra a pobreza, os autores que tentam inflamar os pobres contra os ricos para fomentar discórdia entre trabalho e capital fazem um mal grave a ambos. O que o mundo precisa é que os dois se aproximem nos laços da fraternidade humana. Os pobres devem aprender mais sobre as preocupações, responsabilidades e caridades não declaradas dos ricos; os ricos precisam conhecer mais de perto as tristezas, privações, lutas e o desespero da pobreza.

O mundo está aprendendo a grande verdade de que a melhor maneira de evitar o crime é estudar as condições sociológicas em que ele floresce, para tentar dar a cada homem uma chance melhor de viver sua vida real, removendo, se possível, os elementos que facilitam o erro e o tornam quase necessário para ele, e inspirando-o a lutar a batalha da vida com coragem e com toda a ajuda que os outros podem lhe dar. A ciência está cooperando com a religião no esforço de vencer o mal na raiz, em vez de combater no fruto dos galhos o mal manifestado como crime. É muito mais sábio prevenir do que curar; evitar que alguém se queime é muito melhor do que inventar novos cataplasmas para ferimentos desnecessários.

São sempre as pequenas coisas que compõem a soma da miséria humana. Todos os animais selvagens do mundo combinados causam danos apenas insignificantes, quando comparados com a devastação de insetos e pragas. Os crimes da humanidade, os pecados que nos fazem recuar assustados, não causam tanta tristeza e infelicidade na vida quanto a multidão de pequenos pecados de omissão e cumplicidade que o indivíduo, e milhões como ele, precisa enfrentar todos os dias. Não são os malfeitos que a lei pode alcançar ou punir, mas a infinidade de pequenos erros pelos quais o homem nunca pode ser julgado, até que esteja de cabeça baixa diante do tribunal da própria consciência.

NINGUÉM TEM DIREITOS QUE CONTRARIEM O DIREITO DE OUTRA PESSOA.

As palavras amargas de raiva e reprovação que sobem aos lábios com tanta facilidade e proporcionam um momento de satisfação fugaz por meio do desabafo dos sentimentos, podem mudar todo o curso de vida de alguém próximo a nós. O discurso irrefletido que revela nossa falta de tato e solidariedade não pode ser revisto e anulado pelo argumento de que "eu não pensei". Para almas sensíveis, isso não é justificativa; elas acham que nosso coração deveria estar tão cheio de amor, que os lábios não precisariam de tutor ou guardião.

Obrigações não cumpridas, podem trazer infelicidade e miséria a centenas de pessoas. A conta da costureira que uma mulher rica pode jogar de lado com descaso, tratando-a como um assunto sem importância a ser resolvido a seu bem prazer, pode causar tristeza, privação ou até falência à credora e, a partir dela, para uma longa cadeia de outros indivíduos. O resultado, se visto em toda sua dura realidade, parece desproporcional em relação à causa. Há lugares nos Alpes em que grandes volumes de neve têm um equilíbrio tão precário que até o som de um disparo de arma pode iniciar uma vibração que acabaria deslocando uma avalanche mortífera sobre o vale.

O indivíduo que deseja viver plenamente, aproveitando o que tem de melhor em si, deve fazer de cada momento uma oportunidade para o bem. Ele deve estabelecer um ideal para ser alcançado de forma progressiva ao longo de cada dia de sua vida: "Se eu não puder realizar grandes feitos no mundo, farei todo o bem que puder pelo cumprimento fiel dos deveres que chegarem às minhas mãos e estarei sempre pronto para todas as oportunidades. E me consagrarei a dominar o evitável".

Que o indivíduo diga a cada dia, quando se levantar renovado para enfrentar uma nova vida: "Hoje ninguém no mundo sofrerá por minha causa. Serei gentil, atencioso e cuidadoso em pensamento, fala e atos. Procurarei descobrir o elemento que me enfraquece como uma força no mundo e que me impede de viver de acordo com a plenitude da minha possibilidade. Hoje dominarei essa fraqueza. Eu a vencerei a qualquer custo".

As palavras amargas de raiva e reprovação que sobem aos lábios com tanta facilidade e proporcionam um momento de satisfação fugaz por meio do desabafo dos sentimentos, podem mudar todo o curso de vida de alguém próximo a nós.

SÃO SEMPRE AS PEQUENAS COISAS QUE COMPÕEM A SOMA DA MISÉRIA HUMANA.

Quando qualquer fracasso ou tristeza alcança o indivíduo, ele deve ficar feliz se puder provar a si mesmo que foi por sua culpa, pois então terá o remédio em suas mãos. Mentira, intriga, ciúme nunca são remédios que podem impedir um mal. Eles o adiam, apenas para aumentá-lo. Só postergam o pagamento de uma dívida que deve ser quitada mais tarde, com juros. É como tentar apagar um incêndio jogando querosene nas chamas.

O ciúme, no começo, é apenas um pensamento — no final pode significar a forca. O egoísmo muitas vezes assume disfarces que parecem inofensivos, mas é a base da infelicidade no mundo. A deslealdade pode parecer uma qualidade rara, mas a sociedade está saturada. Judas adquiriu sua reputação por ser um modelo dela. A compaixão, que deveria ser a atmosfera da vida de cada indivíduo, é tão rara quanto a caridade humana. O mundo sofre com o excesso de males desnecessários criados pelo homem. Eles deveriam se tornar luxos, e então o homem poderia dispensá-los.

O mundo precisa de sociedades formadas por membros comprometidos com a superação individual da dor e da tristeza evitáveis. Ninguém tem direitos que contrariem o direito de outra pessoa. Não há peças solo na música eterna da vida, precisa existir parceria, cooperação mútua. Cada momento deve ser uma escolha, o bem ou o mal. O que o indivíduo escolherá? Sua vida será a resposta. Que ele dedique a vida a tornar o mundo ao seu redor mais radiante, mais doce e melhor, e, por dominar a dor e a tristeza evitáveis, ele terá no dia a dia uma revelação mais completa da glória das possibilidades da vida individual e chegará cada vez mais perto da realização de seus ideais.

CULTIVANDO A TOLERÂNCIA

INTOLERÂNCIA É PARTE DO ATRITO DESNECESSÁRIO DA vida. É preconceito que leva à guerra. A intolerância reconhece apenas um lado de qualquer questão, o dela mesma. É a suposição de um monopólio do pensamento, a atitude do homem que acredita ter domínio da sabedoria e da verdade em alguma área da vida.

Tolerância é o respeito sereno e generoso pelas opiniões alheias, até mesmo as dos nossos adversários. Ela reconhece o direito de todo homem de cultivar os próprios pensamentos, seguir a própria vida, ser ele mesmo em todas as coisas, desde que não contrarie os direitos dos outros. Significa dar aos outros a mesma liberdade que queremos ter. A tolerância é a justiça silenciosa combinada com empatia. Se aquele que é tolerante deseja mostrar aos outros a verdade como ele a vê, procura apontar com gentileza e respeito o caminho pelo qual encontrou paz, certeza e descanso, ele tenta conduzir as pessoas ao reconhecimento de ideais mais elevados, já que os achou inspiradores, ele se esforça em um espírito de amor e camaradagem com a humanidade para liderar os outros, em vez de conduzi-los, para persuadir e convencer, em vez de intimidar e encobrir.

A tolerância não usa o aríete do argumento, a clava do sarcasmo ou a espada do ridículo ao discutir a fraqueza ou os erros das pessoas. Ela pode açoitar ou flagelar o mal de uma era, mas é gentil e terna com o indivíduo; pode esfolar o pecado, mas não o pecador. A tolerância leva o indivíduo a considerar a verdade superior à opinião pessoal; ela o ensina a viver com as janelas da vida abertas para receber os primeiros raios de luz do sol da verdade, independentemente de quem os origine, e perceber que a fé que ele condena tão duramente pode conter a verdade que ele deseja, se a examinar e testar antes de repudiá-la com tanto desdém.

TOLERÂNCIA É O RESPEITO SERENO E GENEROSO PELAS OPINIÕES ALHEIAS, ATÉ MESMO AS DOS NOSSOS ADVERSÁRIOS.

Nosso mundo está ficando melhor, mais tolerante e liberal. Os dias em que uma diferença de opiniões políticas era resolvida e curada pelo machado e bloco,[8] quando a coragem de um homem para defender sua religião significava enfrentar os horrores da Inquisição ou a crueldade da fogueira, quando ousar ter os próprios pensamentos sobre questões científicas levava homens nobres a um catre de palha e a uma cela de masmorra felizmente passaram. A intolerância e sua irmã gêmea, a ignorância, enfraquecem e desaparecem quando a luz pura da sabedoria as ilumina. O conhecimento é a morte da intolerância — não apenas o aprendizado nos livros, nem a educação em escolas ou faculdades, nem o acúmulo de meras estatísticas, nem fragmentos de informação, mas o amplo estudo empático de vidas,

8 Referência à execução por decapitação.

maneiras, costumes, objetivos, pensamentos, lutas, progresso, motivos e ideais de outras eras, outras nações, outros indivíduos.

A tolerância une os homens nos laços mais estreitos da fraternidade humana, os aproxima em união e solidariedade no que é essencial e dá a eles maior liberalidade no que não é essencial. Quando era o Primeiro Cônsul, Napoleão disse: "Que não haja mais jacobinos, nem moderados, nem monarquistas: que todos sejam franceses". Partidarismo e sectarismo significam sempre concentração no corpo de uma parte às custas da alma do todo. O mundo religioso precisa hoje de mais Cristo e menos seitas em seu evangelho. Quando Cristo viveu na terra, o cristianismo era uma unidade; quando ele morreu, as seitas começaram.

Atualmente nos Estados Unidos, espalhadas pelo território, há centenas de pequenas cidades com um número excessivamente alto de igrejas. Em muitas dessas cidades, pequenos vilarejos que se expadiram, há uma dúzia ou mais de igrejas fracas, lutando para manter viva sua organização. Entre essas igrejas, geralmente há apenas uma pequena diferença de crença, uma barreira tênue como um fino véu, baseada em alguma particularidade doutrinária. Meio famintos, mal conseguindo sobreviver, tentando enfrentar uma grande hipoteca com uma pequena congregação e uma pequena caixa de contribuição, há nelas pouco fervor espiritual. Com associação, cooperação, tolerância, com a renúncia mútua a coisas que não são essenciais e uma forte concentração e unidade em torno das grandes realidades fundamentais do cristianismo, sua saúde espiritual e possibilidades poderiam ser maravilhosamente aumentadas. Três ou quatro igrejas robustas, vivas e prósperas tomariam então o lugar de uma dúzia delas em dificuldades. Por que ter uma dúzia de pontes fracas sobre um riacho se um bem maior pode advir de três ou quatro pontes mais fortes, ou até mesmo de uma única ponte muito forte? O mundo precisa de uma grande confiança religiosa que una as igrejas em um único corpo de fé, para assim preceder e preparar o caminho para a maior confiança religiosa prevista na Sagrada Escritura — o Milênio.[9]

9 Período que a Bíblia afirma que virá após a segunda vinda de Cristo, conforme crença da Igreja de Jesus Cristo dos Santos dos Últimos Dias, da qual William George Jordan era membro.

A INTOLERÂNCIA E SUA IRMÃ GÊMEA, A IGNORÂNCIA, ENFRAQUECEM E DESAPARECEM QUANDO A LUZ DA SABEDORIA AS ILUMINA.

Podemos sempre ser leais à nossa crença, fiéis à nossa causa, sem condenar aqueles que professam fidelidade de acordo com a própria consciência ou vontade. Os grandes reformistas do mundo, homens que estão honesta e sinceramente buscando resolver os grandes problemas sociais e oferecer meios para enfrentar o pecado e o erro humanos, concordam plenamente em sua avaliação sobre a gravidade e o horror da situação e, frequentemente, propõem métodos diametralmente opostos. Eles consideram o assunto de diferentes pontos de vista e seria intolerância para nós, que os observamos, condenar os homens de ambos os lados simplesmente porque não podemos aceitar seu veredito como nosso.

Nas grandes questões nacionais trazidas aos estadistas para sua decisão, homens igualmente capazes, igualmente sinceros, justos e altruístas diferem em suas soluções. Um, como um cirurgião, sugere cortar a matéria ofensiva, o uso da faca — isso tipifica a espada, ou a guerra. Outro, como o médico, insiste em remédios que curem — essa é a prescrição do diplomata. O terceiro sugere esperar pelos acontecimentos, deixando a questão com o tempo e a natureza — esse é o conservador. Mas as três classes estão de acordo quanto ao mal e à necessidade de enfrentá-lo.

O conflito de autoridades em cada grande questão a ser resolvida pelo julgamento humano deve nos tornar tolerantes com a opinião dos outros, embora possamos ter confiança no acerto do nosso julgamento como se ele fosse predestinado desde o dia da criação. Mas, se recebermos qualquer nova luz que nos faça enxergar com mais clareza, mudemos imediatamente, sem aquela consistência tola de algumas criaturas que continuam usando o almanaque do ano passado como um guia para os eclipses deste ano. A tolerância é sempre progressiva.

A TOLERÂNCIA É A JUSTIÇA SILENCIOSA COMBINADA COM EMPATIA.

A intolerância acredita que nasce com o talento peculiar para administrar os negócios dos outros, sem nenhum conhecimento dos detalhes, mais do que os próprios homens que pensam e dedicam a vida às questões vitais. A intolerância é a voz do fariseu que ainda clama ao longo dos tempos e proclama sua infalibilidade.

Não vamos tentar calçar o mundo inteiro com sapatos que cabem nos nossos pés. Se pensamos que toda a música deixou de ser escrita quando Wagner parou de compor, não condenemos aqueles que encontram prazer na ópera leve. Talvez eles possam, algum dia, alcançar nossa estatura de apreciação artística e aprender as partes adequadas para aplaudir. Se a música mais leve que eles preferem satisfaz suas almas, nosso Wagner teria composto mais? Não é justo tirar de uma criança sua boneca de pano para fazê-la apreciar a Vênus de Milo. A boneca de pano é sua Vênus; talvez seja necessária uma longa série de bonecas cada vez melhores para levá-la a entender as belezas da mulher de mármore de Milos.

A intolerância comete seus grandes erros ao medir as necessidades dos outros a partir do próprio ponto de vista. A intolerância ignora a equação pessoal na vida. O que seria um livro excelente para um homem de quarenta anos pode ser inútil para um garoto de treze anos. A atividade que escolheríamos como nosso maior sonho de felicidade, como nosso Paraíso, pode, se imposta a outro, ser para ele pior que o destino pós-morte dos perversos, de acordo com os teólogos antiquados. O café da manhã adequado para um pardal seria uma refeição muito pobre para um elefante.

Quando julgamos os atos e caráter daqueles à nossa volta e os condenamos com a simplicidade fácil da nossa ignorância, com a suposição da onisciência, revelamos nossa intolerância. A tolerância sempre nos leva a reconhecer e respeitar as diferenças na natureza daqueles que estão próximos de nós, a fazer concessões às diferenças de treinamento, oportunidades, ideais, motivos, gostos, opiniões, temperamentos e sentimentos. A intolerância nos conduz a viver a vida de outras pessoas por elas; a empatia nos ajuda a viver suas vidas com elas. Devemos aceitar a humanidade com todas as fraquezas, pecados e loucuras e buscar tirar o melhor disso, assim como a humanidade deve nos aceitar. Aprendemos essa lição na medida que envelhecemos e, com o aumento do nosso conhecimento sobre o mundo, vemos quanto a vida teria sido mais feliz para nós e para os outros se tivéssemos sido mais tolerantes, mais caridosos e generosos.

A TOLERÂNCIA UNE OS HOMENS NOS LAÇOS MAIS ESTREITOS DA FRATERNIDADE HUMANA.

Ninguém no mundo é absolutamente perfeito; se fosse, provavelmente seria transferido da terra para o céu, como foi Elias, sem esperar criar asas ou adquirir o passaporte da morte. É uma dura lição para a juventude aprender, mas devemos perceber, como o velho professor universitário disse à sua turma de alunos, curvado pela consciência de sua sabedoria: "Nenhum de nós é infalível, nem mesmo os mais jovens". Vamos aceitar as pequenas falhas das pessoas à nossa volta como aceitamos fatos na natureza e tirar o melhor delas, como aceitamos as cascas duras das nozes, a casca das frutas, a sombra que sempre acompanha a luz. Elas não são falhas absolutas; muitas vezes, são apenas peculiaridades individuais. A intolerância enxerga o cisco no olho de seu próximo, mas ignora a trave do próprio olho.

Em vez de concentrar o pensamento numa falha de caráter de alguém, vamos procurar encontrar alguma boa qualidade que o compense, assim como um crédito em conta pode cancelar uma dívida. Não vamos falar constantemente que as rosas têm espinhos, vamos ser gratos por espinhos terem rosas. Na natureza há espinhos e farpas; espinhos são orgânicos, eles têm sua raiz profunda na fibra do galho; farpas são superficiais, são presas sem grande resistência à cutícula ou ao revestimento do galho. Há espinhos no caráter que revelam uma falta interna de harmonia que só pode ser controlada a partir de dentro; há também farpas, que são apenas peculiaridades de temperamento que o olho da tolerância pode ignorar e o dedo da caridade pode remover gentilmente.

A suavidade da tolerância pode iluminar e enobrecer o mundo, assim como o luar torna todas as coisas belas. Medir um homem somente por sua fraqueza é injusto. Essa pequena fragilidade pode ser só um pequeno imposto sobre uma grande propriedade, e é restrito e mesquinho julgar um caráter pelo tributo. Consideremos a "equidade", como um todo, o valor real do que é avaliado.

A menos que busquemos com empatia descobrir o motivo por trás do ato, ver as circunstâncias que inspiraram um curso de vida, o objetivo que um homem está mirando, nossas condenações instantâneas são apenas expressões arrogantes e egoístas de intolerância.

Todas as coisas devem ser estudadas de forma relativa, não absoluta. O ponteiro das horas em um relógio faz um trabalho tão valioso quanto o ponteiro dos minutos, embora seja mais curto e pareça fazer apenas um doze avos do que faz o outro.

A INTOLERÂNCIA ENXERGA O CISCO NO OLHO DE SEU PRÓXIMO, MAS IGNORA A TRAVE DO PRÓPRIO OLHO.

A intolerância no círculo doméstico se mostra no excesso de disciplina, em uma atmosfera de severidade pesada de proibições. O lar se torna um lugar coberto de placas de "não pise na grama". Isso significa a supressão da individualidade, a quebra das vontades dos filhos, em vez de seu desenvolvimento e orientação. É a tentativa tola de moldá-los de fora para dentro, como um oleiro faz com o barro; a concepção mais elevada é a educação sábia que ajuda a criança a ajudar a si mesma no próprio crescimento. Os pais muitas vezes esquecem a própria juventude; eles não têm empatia pelos filhos em sua necessidade de prazer, estilo, companhia.

Deve haver algumas regras absolutamente firmes sobre o essencial, os princípios básicos da vida, com o maior espaço possível para as manifestações variadas de individualidade em áreas menos importantes. Segurança, simpatia, amor e confiança gerariam um espírito de tolerância e doçura que faria maravilhas. A intolerância converte crianças cheias de vida e naturalidade em criaturas pedantes de virtude falsificada e autômatos obedientes irritantemente bons.

A tolerância é um estado de concessões mútuas. Na vida familiar deve haver essa reciprocidade constante de independência, esse suportar mútuo. É o reconhecimento instintivo da sacralidade da individualidade, o direito de cada um viver a própria vida da melhor forma possível. Quando nos colocamos como ditadores para tiranizar pensamentos, palavras e atos de outras pessoas, sacrificamos o poder real de influência com o qual podemos ajudar os outros pelo triunfo mesquinho da tirania que os repele e os perde.

Uma razão para os filhos de grandes e bons homens se desviarem com tanta frequência talvez seja que a seriedade, a força e a virtude do pai, exigindo estrita obediência à letra da lei, matam o reconhecimento do espírito, gerando uma intolerância que força a submissão sob a qual o fogo do protesto e da rebelião arde, pronto para explodir em chamas ao primeiro sopro de liberdade. Entre irmão e irmã, marido e mulher, pai e filho, mestre e servo, o espírito de tolerância, de "fazer concessões", transforma uma casa cheia de melancolia e rispidez em um lar de doçura e amor.

Na relação sagrada de pais e filhos, sempre chega um momento em que o menino se torna um homem, quando aquela, a quem o pai ainda considera apenas uma garotinha, enfrenta os grandes problemas da vida como um indivíduo. A chegada da vida adulta traz o dia em que os pais devem entregar seus poderes de tutela, quando o indivíduo toma posse de sua herança de liberdade e responsabilidade. Os pais ainda têm o direito e o privilégio de aconselhar e a percepção útil e amorosa que os filhos devem respeitar. Mas, ao enfrentar uma grande questão, quando filho ou filha se depara com um problema que significa felicidade ou sofrimento para toda a vida, deve ser ele ou ela quem decide. Coerção, suborno, influência indevida, ameaças de deserdação e outras armas familiares são cruéis, egoístas, arrogantes e injustas. Um filho é um ser humano livre para construir a própria vida, não um escravo. Existe uma linha claramente demarcada e atravessá-la significa intolerância.

A SUAVIDADE DA TOLERÂNCIA PODE ILUMINAR E ENOBRECER O MUNDO.

Vamos perceber que a tolerância está sempre se ampliando; ela desenvolve a empatia, ameniza a preocupação e inspira a calma. É caridade e otimismo, é o cristianismo como um fato eterno e vivo, não uma mera teoria. Sejamos tolerantes com a fraqueza dos outros e severamente intolerantes com a nossa. Vamos procurar perdoar e esquecer as falhas alheias, deixando de olhar, em certa medida, o que eles são para pensar no que podem se tornar. Vamos encher suas almas com a revelação inspiradora de suas possibilidades na majestosa marcha evolutiva da humanidade. Vamos ver, por nós mesmos e por eles, na semente de seu presente o imponente carvalho de seu futuro.

Devemos perceber o direito de cada ser humano de resolver o próprio destino com nossa ajuda, solidariedade e inspiração, se tivermos o privilégio de ajudá-lo a viver sua vida; mas é intolerância tentar vivê-la por ele. Ele se senta sozinho no trono de sua individualidade; deve reinar sozinho e, no final de seu governo, prestar contas ao Deus das eras dos feitos de seu reinado. A vida é um privilégio digno, uma prerrogativa gloriosa de todo homem, e é a intolerância arrogante que toca a arca sagrada com a mão da condenação cruel.

COISAS QUE CHEGAM TARDE DEMAIS

O TEMPO SE ASSEMELHA A UM HUMORISTA ENVELHECIDO, com uma predileção por reflexões tardias. As coisas que chegam tarde demais são parte de seu sarcasmo. Cada geração se dedica a corrigir os erros de seus predecessores e criar novos erros para as próximas gerações consertarem. Cada geração lega à seguinte sua sabedoria e sua loucura, sua riqueza de conhecimento e suas dívidas de erro e fracasso. As coisas que chegam tarde demais são, na verdade, compensações tardias de dívidas antigas. Elas significam que o mundo está se tornando mais sábio e melhor, mais verdadeiro, mais nobre e mais justo, emergindo das sombras escuras do erro para o sol da verdade e da justiça. Essas coisas provam que o tempo está tecendo uma bela trama da humanidade, um tecido feito com retalhos e emaranhados de erro e verdade.

As coisas que chegam tarde demais são a sabedoria mais plena, as honras adiadas e a concepção mais verdadeira do trabalho dos bravos e resistentes guerreiros que lutaram sozinhos pela verdade e foram incompreendidos e não reconhecidos. É a atitude mais refinada do mundo em relação à vida. Se vistas superficialmente, as coisas que chegam tarde demais nos fazem sentir desamparados, sem esperança e pessimistas; se vistas com o olhar da sabedoria, revelam a grande marcha evolutiva da humanidade em direção a coisas mais elevadas. É a proclamação da natureza de que, no final, o certo deve triunfar, a verdade deve conquistar e a justiça deve reinar. É um aviso e uma inspiração para os indivíduos, um alerta contra economizar amor, caridade, gentileza, simpatia, justiça e ajuda até que seja tarde demais uma inspiração para vivermos sempre o nosso melhor, fazermos sempre o esforço máximo sem preocupação com os resultados, mas confiantes de que eles virão.

Demora mais de trinta anos para a luz de algumas estrelas chegar à Terra, para outras cem, e algumas outras, milhares de anos. Essas estrelas não se tornam visíveis até que sua luz alcance e provoque a visão humana. Demora quase o mesmo tempo para a luz de alguns grandes gênios do mundo encontrar olhos atentos. Então vemos esses homens como as estrelas brilhantes na galeria mundial dos grandes imortais. É por isso que a reputação contemporânea raramente garante fama duradoura. Estamos constantemente confundindo vaga-lumes de inteligência com estrelas de genialidade. Mas o tempo tudo acerta. A fama, porém, não traz alegria, nem incentivo, nem inspiração para aquele que foi além das luzes e sombras deste mundo; ela tem a tristeza das honras que chegam tarde demais, um toque de farsa misturado a suas características. O reconhecimento tardio é melhor do que nada, antes tarde do que nunca; mas é muito mais verdadeiro, gentil e valioso se nunca tardar. Somos muito inclinados a manifestar condenação e críticas instantâneas por correio expresso, e nossa avaliação cuidadosa e honesta por frete lento.

O TEMPO SE ASSEMELHA A UM HUMORISTA ENVELHECIDO, COM UMA PREDILEÇÃO POR REFLEXÕES TARDIAS.

Em outubro de 1635, Roger Williams foi sentenciado pelo Tribunal Geral de Massachusetts a deixar a colônia para sempre por causa de seus apelos inspiradores por liberdade individual. Ele foi para Rhode Island, onde viveu por quase cinquenta anos. Mas a consciência oficial ficou um pouco inquieta e, mais tarde, em abril de 1899, Massachusetts reparou esse ato precipitado. Os papéis originais, amarelos, desbotados e esfarelados, foram retirados de seu túmulo em um arquivo e "por moção ordinária, feita, apoiada e adotada" a ordem de banimento foi solenemente "anulada e revogada, e tornada sem efeito algum". A proibição sob a qual Roger Williams permaneceu por mais de 260 anos foi suspensa. E não há razão agora, de acordo com a lei, para que ele não possa entrar no estado de Massachusetts e residir nele. A ação foi para crédito e honra do estado; foi acertada em sua essência, e Roger, estando em espírito por mais de dois séculos, pode ter sorrido gentilmente e compreendido. Mas a reparação foi realmente muito atrasada.

Os erros, o pecado e a loucura de uma era podem ser parcialmente expiados em uma era subsequente, mas o indivíduo permanece sozinho. Somos os únicos responsáveis pelo que fazemos e deixamos de fazer. Se permitirmos que o auge da vida, que pode ser consagrado a coisas mais elevadas, escorra como areia por entre nossos dedos, ninguém jamais poderá restaurar esse tempo para nós.

A afeição humana é alimentada por sinais e símbolos desse sentimento. Ter bons sentimentos não é suficiente, eles devem ser manifestados em ação. A terra seca não é refrescada pela mera existência de água nas nuvens, é só quando a bênção da chuva realmente cai que ela desperta para uma nova vida. Estamos sempre prontos para dizer "ele sabe quanto gosto dele" e presumir que isso seja um substituto adequado para a expressão do sentimento. Podemos saber que o sol está brilhando em algum lugar e ainda tremer de frio com a falta de seu brilho e calor. O amor deve ser constantemente demonstrado em pequenos atos de consideração, palavras de doçura e reconhecimento, sorrisos e apertos de mão de estima. Deve ser exibido como uma realidade amorosa, em vez de ser uma memória de paciência, tolerância, cortesia e gentileza.

O RECONHECIMENTO TARDIO É MELHOR DO QUE NADA, ANTES TARDE DO QUE NUNCA.

Essa teoria da suposta confiança na persistência do afeto é uma das coisas tristes da vida de casado. Deveríamos ter as rosas de amor sempre florescendo, sempre espalhando seu perfume, em vez de rosas secas prensadas na Bíblia da família, meramente uma recordação, um memorial do que foi, em vez da garantia do que é. O matrimônio muitas vezes fecha a porta da vida e deixa o sentimento, a consideração e o cavalheirismo do lado de fora. O sentimento talvez ainda esteja vivo, mas não se revela com leveza; a poesia rimada do amor muda para versos brancos e, mais tarde, para prosa tediosa. Como o menino disse sobre seu pai: "Ele é cristão, mas não se dedica muito a isso agora". O amor sem manifestação alimenta tanto o coração quanto uma embalagem de pão fechada alimenta o corpo; ilumina e dá cor à rotina das tarefas diárias tanto quanto uma lâmpada apagada ilumina um quarto. Muitas vezes, o desejo no coração de um marido ou de uma esposa por expressão de amor e ternura em palavras é tão grande, que eles são bem-vindos, não importa de onde venham. Se mais namoros continuassem depois do casamento, o trabalho das varas de família seria muito reduzido. Essa percepção é frequentemente uma das coisas que chegam tarde demais.

Neste mundo, há mais pessoas famintas por gentileza, empatia, camaradagem e amor do que por pão.

Muitas vezes deixamos de oferecer uma palavra carinhosa de incentivo, elogio ou felicitação a alguém, mesmo quando sabemos que nossos sentimentos são conhecidos, por medo de tornar a pessoa presunçosa ou excessivamente confiante. Vamos derrubar essas barragens de reserva, esses muros de repressão mesquinha e deixar transbordar a inundação de nossos sentimentos. Poucos monumentos foram erguidos em memória daqueles que fracassaram na vida por causa de elogios excessivos. Há mais bajulação gravada em lápides do que jamais ouviram em vida os mortos que essas pedras agora guardam. O homem não pede bajulação, ele não anseia por elogios generosos, ele quer o reconhecimento honesto e vibrante do que fez, a apreciação justa do que está fazendo e empatia pelo que está se esforçando para fazer.

Por que a morte nos torna subitamente conscientes de uma centena de virtudes em um homem que parecia comum e falho na vida? Passamos a falar dele como se um anjo habitasse nossa cidade há anos e o tivéssemos descoberto de repente. Se ele pudesse ter ouvido essas palavras enquanto vivia, se pudesse ter recebido, digamos, uns sessenta por cento desses elogios, teriam sido uma inspiração para ele quando cansado, desgastado e preocupado com os problemas da vida. Mas agora os ouvidos não ouvem mais a música terrena, e, mesmo que pudessem ouvir nossos louvores, as palavras seriam apenas mensageiras inúteis de um amor que chega tarde demais.

SOMOS OS ÚNICOS RESPONSÁVEIS PELO QUE FAZEMOS E DEIXAMOS DE FAZER.

É certo falar bem dos mortos, lembrar-se de sua força, esquecer as fraquezas e render à sua memória as expressões de honra, justiça, amor e tristeza que enchem nossos corações. Mas são os vivos que mais precisam disso. Os mortos não têm mais utilidade para elas; nossos gritos mais insanos de aflição e arrependimento não trazem o eco da resposta do silêncio do desconhecido. Quem enfrenta a batalha da vida, ainda buscando bravamente fazer e ser, precisa de nossa ajuda, companhia, de nosso amor e tudo que há de melhor em nós. É melhor a menor flor colocada em nossas mãos quentes e vivas do que montanhas de rosas depositadas sobre nosso caixão.

Se deixamos de expressar nossos sentimentos pelos mortos antes do desenlace, um profundo sentimento de tristeza e uma onda instintiva de emoção se propagam pelo vácuo do dever que agora, tarde demais, tentamos cumprir. Mas há expiação que não é tardia. Ela está em fazer toda a humanidade herdeira da gentileza e do amor que lamentamos não ter demonstrado, em levar brilho, coragem e alegria para a vida dos que nos cercam. Assim, demonstramos arrependimento autêntico, não uma mera onda temporária de sentimentalismo.

É durante o período de formação, quando um homem está buscando se estabilizar na vida, que a ajuda é mais importante, quando até mesmo o menor apoio conta. Alguns livros emprestados a Andrew Carnegie[10] quando ele estava começando a carreira serviram de inspiração; ele pagou o empréstimo com nobreza, um milhão de vezes, e fez da posteridade sua devedora ao espalhar bibliotecas por todo o país. Ajude os brotos, as jovens árvores vigorosas em crescimento — os poderosos carvalhos não precisam de sua ajuda.

10 Andrew Carnegie (1835-1919). Empresário e filantropo estadunidense que começou a ganhar a vida como catador de carretéis de linha e se tornou um dos maiores industriais norte-americanos.

TER BONS SENTIMENTOS NÃO É SUFICIENTE, ELES DEVEM SER MANIFESTADOS EM AÇÃO.

As palavras de incentivo devem ser oferecidas quando são necessárias, e não como palavras vazias ou declarações hipócritas para favores futuros. Colombo, cercado por sua tripulação amotinada que ameaçava matá-lo, sozinho no meio da multidão, não tinha ninguém para apoiá-lo. Mas ele se aproximou da terra, e as riquezas se abriram diante deles; então a tripulação caiu a seus pés, o proclamou quase um deus e disse que ele realmente foi inspirado pelo Céu. O sucesso o transfigurou, uma longa faixa de praia e algumas árvores o tornaram divino. Um pouco de paciência ao longo do caminho, um pouco de companheirismo, um pouco de amor fraternal em suas horas de observação, espera e confiança teriam sido um grande bálsamo para sua alma.

É na infância que o contentamento mais conta, quando o menor investimento em forma de gentileza traz maiores retornos. Vamos dar às crianças luz do sol, amor, companheirismo, empatia com seus pequenos problemas e preocupações que, para elas, parecem tão grandes, interesse sincero em suas crescentes esperanças, em seus sonhos e anseios vagos e desproporcionais. Vamos nos colocar no lugar delas, ver o mundo por seus olhos para podermos gentilmente corrigir os erros de sua perspectiva com nossa sabedoria maior. Essas ninharias as farão genuinamente felizes, muito mais felizes do que coisas mil vezes maiores que chegam tarde demais.

A procrastinação é a mãe de uma incontável família de coisas que chegam tarde demais. Procrastinação significa marcar um encontro com a oportunidade para "passar de novo amanhã". Ela mata o autocontrole, suga a energia mental e torna o homem fruto das circunstâncias, em vez de seu criador. Existe um tipo de procrastinação que é uma virtude. É nunca cometer hoje um erro que pode ser deixado para amanhã, nunca realizar hoje um ato que pode fazer o amanhã se envergonhar.

Há pequenos desentendimentos na vida, pequenos mal-entendidos que se instalam em silêncio entre amigos, cada um está blindado pelo orgulho e apaixonado por si mesmo para ceder. Existe um momento em que algumas palavras diretas consertariam tudo, dissipariam as nuvens e deixariam o sol do amor explodir novamente. Mas cada um nutre um fraco e mesquinho sentimento de dignidade, a distância aumenta, eles se afastam e cada um segue seu caminho solitário, ansioso pelo outro. Eles podem acordar para a realidade quando for tarde demais para juntar os fios rompidos de afeto em uma nova vida.

A sabedoria que chega tarde demais em mil assuntos da vida geralmente tem um efeito irritante e depressivo no indivíduo. Ele deve depositar grande parte disso da conta da experiência. Se nenhuma sabedoria chegasse tarde demais, não haveria experiência. Isso significa, em última análise, apenas que somos mais sábios hoje do que éramos ontem, que vemos todas as coisas de um ponto de vista mais verdadeiro, que nosso caminho de vida foi iluminado.

O mundo é propenso a julgar pelos resultados. Fica satisfeito em ser um acionista de nosso sucesso e nossa prosperidade, mas muitas vezes evita investir empatia e compreensão. O homem que rema contra a corrente pode ter apenas dois ou três indivíduos para ajudá-lo. Quando a maré vira e sua embarcação navega mais depressa e sem esforço, ele vê barcos se aproximando de todas as direções, como se tivesse acordado de repente no meio de uma regata. A ajuda chega tarde demais, ele não precisa dela. Esse homem deve então se proteger contra a tentação do cinismo, da frieza e do egoísmo. Deve compreender e decidir que o que ele chama de "o jeito do mundo" não deve ser o mesmo que o seu. Que ele não se atrase muito em oferecer seu incentivo a outros que lutam bravamente como ele, mas que, menos fortes, podem largar os remos, desesperados pela falta de estímulo e até mesmo de uma simples palavra amigável e incentivadora durante uma crise.

O TEMPO É UM PODEROSO RIO QUE CHEGA A CADA DIA EM UM FLUXO SEM FIM.

Uma velha e triste frase diz: "Águas passadas não movem moinhos". Por que o moinho deveria contar com a mesma água repetidamente? Essa água pode estar agora girando as pás do moinho mais abaixo no vale, seguindo em frente sem cessar, desempenhando seu bom trabalho. É loucura pensar tanto na água que passou. Pense mais no grande riacho que está sempre fluindo. Use-o da melhor forma que puder e, quando ele tiver passado, você ficará feliz por ele ter vindo, e satisfeito com seu serviço.

O tempo é um poderoso rio que chega a cada dia em um fluxo sem fim. Pensar nessa água do tempo que passou com tanto arrependimento que fecha nossos olhos para o poderoso rio do presente é pura loucura. Vamos fazer o melhor que pudermos hoje e preparar o amanhã; então, até as coisas que chegam tarde demais serão novas revelações de sabedoria para usar no presente que está agora diante de nós e no futuro que estamos construindo.

A JORNADA DO REFORMISTA

Os reformistas do mundo são homens de propósito poderoso. Eles têm a coragem da convicção individual, ousam enfrentar a crítica de inferiores, homens que carregam voluntariamente suas cruzes pelo que consideram certo, mesmo sem a garantia de uma coroa. Seguem com alegria para as profundezas do silêncio, da escuridão e do esquecimento, só apenas para emergir finalmente como mergulhadores, com pérolas nas mãos.

Aquele que trabalha incansável para atingir algum objetivo nobre, com os olhos fixos na estrela de um propósito poderoso, como os Magos seguiram a estrela do Oriente, é um reformista. Aquele que é leal à inspiração de algum grande pensamento religioso e, com mão forte, conduz passos fracos e trêmulos de fé para a glória da certeza é um reformista. Aquele que segue o fino fio de alguma revelação da natureza em qualquer uma das ciências e o segue no espírito da verdade por um labirinto de dúvida, esperança, experimentação e questionamento, até que o fino fio que o guia fique mais forte e firme ao seu toque, levando-o a alguma maravilhosa iluminação da lei da natureza, é um reformista.

Quem escala sozinho as montanhas da verdade e, iluminado pelo esplendor de alguma revelação poderosa, retorna para forçar o mundo apressado a ouvir sua história é um reformista. Quem busca construir o próprio destino, a missão de vida que sua natureza diz que deveria ser sua, com coragem, calma e a devida consideração pelos direitos dos outros e seus deveres com eles, é um reformista.

Esses homens que renunciam ao lugar comum e convencional por coisas mais elevadas são reformistas, porque se esforçam para promover novas condições; consagram a vida a ideais. Eles são a vanguarda corajosa e agressiva do progresso. São homens que podem suportar um cerco, que podem fazer longas marchas forçadas sem murmúrio, que rangem os dentes e abaixam a cabeça enquanto lutam para abrir caminho pela fumaça, que sorriem para as provações e privações que ousam desafiá-los. Não se importam com as dificuldades e perigos da luta, pois são sempre inspirados pela bandeira do triunfo que parece já tremular no castelo de suas esperanças.

OS REFORMISTAS DO MUNDO SÃO HOMENS DE PROPÓSITO PODEROSO.

Se estamos diante de alguma grande ambição de vida, vejamos se nossos planos heroicos são bons, altos, nobres e fortes o suficiente para o preço que temos que pagar por sua realização. Vamos analisar com seriedade e honestidade nossas necessidades, habilidades, nossos recursos e responsabilidades, para termos certeza de que não somos guiados por um mero capricho passageiro. Vamos ouvir e considerar todos os conselhos, toda luz que pode vir de todos os lados, vamos ouvir tudo como um juiz ouve as evidências e toma sua decisão. A escolha de uma obra de vida é uma responsabilidade sagrada demais para ser decidida de maneira leviana por outros indivíduos menos bem-informados do que aquele que a assume. Quando tivermos posto a questão na balança e tomado nossa decisão, vamos agir, focar a vida naquilo que sentimos ser supremo e, sem nunca abandonar um dever real, buscar sempre a conquista das coisas mais elevadas, independentemente do preço justo que talvez tenhamos que pagar por sua realização e conquista.

Quando a natureza decide que um homem é um reformista, sussurra para ele sua grande mensagem e coloca em sua mão o cajado da coragem, ela o cobre com as vestes da paciência e autoconfiança e o inicia em seu caminho. Então, para que ele tenha força para enfrentar tudo isso, ela o chama de volta por um momento de misericórdia e faz dele um otimista.

O caminho do reformista é difícil, muito difícil. O mundo sabe pouco sobre ele, pois é raro que o reformista revele as cicatrizes do conflito, as dores da esperança adiada, as poderosas ondas de desespero que lavam um grande propósito. Algumas vezes, homens de objetivo digno e elevada ambição altruísta, cansados e desgastados pela luta, permitiram que o mundo ouvisse um soluço descontrolado de desesperança ou uma palavra de amargura momentânea pelo aparente vazio de todo esforço. Mas homens de grandes propósitos e ideais nobres devem saber que o caminho do reformista é a solidão. Eles precisam viver de recursos internos, em vez de depender de fontes externas de ajuda. Sua missão, seu objetivo maior, seu objetivo supremo na vida, aquele que concentra toda sua energia, deve ser a fonte de força e inspiração. O reformista deve sempre acender a tocha da própria inspiração. Sua mão deve sempre proteger a chama sagrada enquanto ele avança com firmeza em seu caminho solitário.

QUANDO A NATUREZA DECIDE QUE UM HOMEM É UM REFORMISTA, COLOCA EM SUA MÃO O CAJADO DA CORAGEM.

O reformista na moral, na educação, na religião, na sociologia, na invenção, na filosofia, em qualquer linha de atuação, é sempre um pioneiro. Seu privilégio é abrir caminho para os outros, criar, por sua conta e risco, uma estrada por onde outros possam seguir em segurança. Ele não deve esperar que o caminho seja nivelado e asfaltado para ele. Precisa perceber que vai enfrentar injustiça, ingratidão, oposição, mal-entendidos, a crítica cruel dos contemporâneos e, muitas vezes, o mais difícil de tudo, a reprovação questionadora daqueles que mais o amam.

Ele não deve esperar que a tartaruga simpatize com o voo da águia. Um grande propósito sempre representa isolamento. O soldado que lidera a vã esperança deve reclamar por não ter o exército acompanhando seus passos? A oportunidade gloriosa diante dele deveria inspirá-lo, absorvê-lo a ponto de ele não se importar com o exército, por saber que, se liderar como deve e fizer o que a crise exige, o exército o seguirá.

O reformista deve perceber, sem nenhum traço de amargura, que o mundo atribulado pouco se importa com suas lutas, só se importa em comemorar seu triunfo final; ele vai compartilhar seus banquetes, mas não seus jejuns. Cristo estava sozinho no Getsêmani, mas no sermão no deserto, em que havia oferta de comida, havia uma plateia de quatro mil.

O mundo é honesto em sua atitude, no entanto leva tempo para perceber, aceitar e assimilar as grandes verdades. Desde o alvorecer da história, o grande espírito conservador de todas as eras, aquele lastro que mantém o mundo equilibrado, torna lenta a aceitação de grandes verdades essenciais para sua segurança. Sábio, ele requer prova, atestado claro, absoluto e inegável, antes de as aceitar completamente. Às vezes, o esclarecimento perfeito leva anos, às vezes, gerações. É só a salvaguarda da verdade. O tempo é o teste supremo, o tribunal final de apelações que separa falsas alegações, revelação forjada, ostentação vazia e sonhos ociosos. O tempo é a pedra de toque que finalmente revela todo o ouro verdadeiro. O processo é lento, necessariamente, e o destino dos gênios e reformistas do mundo deve ser equilibrar as críticas de seus contemporâneos com a doçura da consolação, e não com a amargura do cinismo. Se os maiores líderes do mundo tiveram que esperar por reconhecimento, deveríamos nós, cujo melhor trabalho pode ser insignificante comparado ao deles, esperar empatia, reconhecimento e cooperação instantâneas, se estamos apenas começando a avançar na direção de nossa própria realização?

VAMOS ANALISAR COM SERIEDADE NOSSAS NECESSIDADES, PARA TERMOS CERTEZA DE QUE NÃO SOMOS GUIADOS POR UM MERO CAPRICHO PASSAGEIRO.

O mundo sempre diz aos seus líderes — com sua atitude, quando não em palavras: "Se nos levarem a reinos mais elevados do pensamento, a ideais mais puros de vida, e mostrarem diante de nós, com a clareza da caligrafia na parede[11], todas as possíveis glórias do desenvolvimento, *vocês* terão que pagar o preço por isso, não nós". O mundo tem uma lei tão claramente definida quanto as leis de Kepler[12]: "O crédito contemporâneo para obras de reforma em qualquer área será inversamente proporcional à raiz quadrada de sua importância". Dê-nos uma nova moda e nos prostraremos na poeira; dê-nos uma nova filosofia, uma revelação maravilhosa, uma concepção mais elevada de vida e moralidade, e podemos recusar, mas a posteridade pagará por isso. Enviem suas mensagens a cobrar e a posteridade se contentará com elas. Vocês pedem pão; a posteridade lhes dará uma pedra chamada monumento.

Não há nada nisso que desestimule os esforços maiores da genialidade. A genialidade é ótima porque está décadas à frente de sua geração. Apreciar o gênio

11 Expressão que remete ao Antigo Testamento, em passagem na qual uma mão misteriosa apareceu escrevendo na parede do palácio do rei. O rei chamou Daniel, que interpretou isso como se Deus quisesse que o rei e seu reino caíssem. O rei foi morto naquela noite.

12 Johannes Kepler (1571-1630). Astrônomo e matemático alemão, que formulou três leis fundamentais da mecânica celeste, denominadas Leis de Kepler.

requer compreensão e as mesmas características. O público consegue apreciar plenamente apenas o que está alguns passos à frente; precisa crescer para reconhecer o grande pensamento. O gênio ou o reformista precisa aceitar isso como uma condição necessária. É o preço que ele deve pagar por estar à frente de sua geração, assim como os assentos diante da orquestra custam mais caro que aqueles na última fileira da terceira galeria.

O mundo é imparcial em seus métodos. Ele sempre diz: "Você pode sofrer agora, mas terá fama mais tarde". Fama póstuma significa que o indivíduo pode tremer de frio, mas seus netos terão casacos forrados de pele; o indivíduo planta sementes, sua descendência vende os carvalhos. Fama ou reconhecimento tardio é um cheque nominal que será pago somente aos herdeiros.

Não há nada que o mundo peça tão constantemente quanto uma nova ideia; não há nada que o mundo tema tanto. Os marcos do progresso na história das eras relatam a evolução. Galileu foi jogado na prisão com quase setenta anos de idade e suas obras foram proibidas. Ele não tinha cometido nenhum crime, mas estava à frente de sua geração. A descoberta de Harvey[13] sobre a circulação do sangue não foi aceita pelas universidades do

13 William Harvey (1578-1657). Médico britânico que fez a primeira descrição correta e detalhada do sistema circulatório do sangue.

mundo até vinte e cinco anos depois de sua publicação. Frœbel[14], o gentil e inspirado amante das crianças, sofreu as provações e lutas do reformista, e seu sistema de ensino foi abolido na Prússia porque foi "projetado para criar nossos jovens no ateísmo". Foi assim com milhares de outras pessoas.

O mundo diz com ar de descaso que "a oposição ao progresso ficou no passado, o grande reformista ou gênio hoje é reconhecido". Não, no passado tentavam matar uma grande verdade opondo-se a ela; hoje buscamos sufocá-la suavemente tornando-a uma moda passageira.

Está escrito no livro da natureza humana: os salvadores do mundo devem ser sempre mártires. A morte de Cristo na cruz pelas pessoas que ele veio salvar exemplifica a crucificação temporária imposta pela opinião pública a todos que trazem ao povo a mensagem de alguma grande verdade, alguma revelação mais clara do divino. A verdade, o direito e a justiça devem triunfar. Nunca fechemos os livros de uma grande obra e digamos que "ela falhou".

Não importa que os resultados pareçam pequenos, que a perspectiva pareça sombria, a consumação gloriosa do passado, a revelação do futuro deve vir. Cristo viveu

14 Friedrich Wilhelm August Frœbel (1782-1852). Pedagogo alemão com raízes na escola Pestalozzi. Fundou o primeiro jardim de infância.

trinta anos e teve doze discípulos, um o negou, um duvidou dele, um o traiu e os outros nove eram muito humanos. E na crise suprema de sua vida "todos o abandonaram e fugiram", mas hoje seus seguidores são milhões.

ESTÁ ESCRITO NO LIVRO DA NATUREZA HUMANA: OS SALVADORES DO MUNDO DEVEM SER SEMPRE MÁRTIRES.

Doce mesmo é a empatia humana, o aperto de mão caloroso de confiança e amor, renovando as forças de quem está lutando, o conhecimento de que alguém querido vê com amor e camaradagem nosso futuro por intermédio de nossos olhos, esses são presentes maravilhosos que renovam a vida. Se tivermos isso, a lealdade de dois ou três, talvez, o que o mundo diz ou pensa sobre nós deve ter pouca importância. Mas se isso nos for negado, então devemos caminhar sozinhos e corajosos por nosso caminho cansativo em direção ao nascer do sol que deve chegar.

O entorno que não nos entende, que não aprecia nossa ambição ou não é solidário com nossos esforços, que lhes parecem fúteis, não é intencionalmente cruel, insensível, amargo, cego ou sem coração. Ele só está tão ocupado com as próprias buscas, com seus problemas e prazeres, que não percebe completamente, não enxerga como nós.

O mundo não vê nosso ideal como nós o vemos, não sente o brilho da inspiração que faz nosso sangue vibrar, nossos olhos resplandecerem e a alma parecer inundada com uma luz maravilhosa. Ele não vê nada além do duro bloco de mármore diante de nós e da grande quantidade de lascas e fragmentos de esforço aparentemente infrutífero aos nossos pés, não vê o anjo da conquista emergindo lentamente de sua prisão de pedra, do nada para a existência, entalhado pelos golpes incansáveis de nosso cinzel. Ele não ouve o farfalhar fraco de asas que já parecem reais para nós ou a glória da música do triunfo já soando em nossos ouvidos.

Em todo grande trabalho há dias escuros e sombrios quando o esforço parece inútil, quando a esperança quase parece uma ilusão e a confiança é louca miragem. Às vezes, por dias, suas velas pendem preguiçosamente contra o mastro, sem um sopro de vento para mover a embarcação na direção certa, e com uma sensação paralisante de desamparo, tudo que você tem que fazer é sentar e esperar. Às vezes a embarcação de sua esperança é levada de volta por uma maré que parece desfazer em instantes o trabalho de meses. Mas pode não ser bem assim, talvez você seja conduzido a um novo canal que o leva mais perto de seu refúgio do que você ousou esperar. Esta é a hora que nos testa, que determina se somos mestres ou escravos das circunstâncias. Como na batalha de Marengo,[15] a luta travada quando tudo parece perdido é a que realmente conta e arranca a vitória da mão da aparente derrota.

DOCE MESMO É A EMPATIA HUMANA, O APERTO DE MÃO CALOROSO DE CONFIANÇA E AMOR, RENOVANDO AS FORÇAS DE QUEM ESTÁ LUTANDO.

15 Batalha de Marengo (1800), quando as tropas de Napoleão Bonaparte rechaçaram um ataque surpresa do exército austríaco.

Se você está buscando realizar algum grande propósito sério que sua mente e seu coração dizem que é certo, precisa ter o espírito do reformista. Precisa ter a coragem de enfrentar a provação, a tristeza e a decepção, enfrentá-las diretamente e seguir em frente ileso e destemido. Na sua fé sublime e perfeita no resultado, você pode torná-las tão incapazes de lhe causar danos quanto uma gota de orvalho caindo sobre as pirâmides.

A verdade, com o tempo como aliado, sempre vence no final. Saber sobre a desvalorização, a frieza e a indiferença do mundo nunca deve fazer de você um pessimista. Tudo isso deve inspirar em você aquele grande e amplo otimismo que vê que toda a oposição do mundo nunca pode impedir o triunfo da verdade, a certeza de que seu trabalho é tão grande que os mesquinhos ciúmes, deturpações e dificuldades causadas por aqueles ao seu redor não o diminuem em nada. O que importa ao mensageiro do rei as provações e sofrimentos que enfrentou, se ele sabe que entregou sua mensagem? Grandes movimentos e grandes planos sempre precisam de tempo para serem desenvolvidos. Se você quer coisas grandiosas, pague o preço com responsabilidade.

Qualquer um pode plantar rabanetes; é preciso coragem para plantar nozes e esperar pelos carvalhos. Aprenda a olhar não apenas para as nuvens, mas para o sol brilhando por meio delas. Quando as coisas parecem mais sombrias, segure sua arma com mais firmeza e lute com mais empenho. Há sempre mais progresso do que você pode perceber, e é só o resultado da batalha que conta.

E quando tudo acabar e a vitória for sua, quando a fumaça se dissipar e o cheiro da pólvora enfraquecer, quando você enterrar as amizades que morreram por não conseguirem suportar a tensão, quando cuidar dos feridos e fracos de coração que lealmente ficaram ao seu lado, mesmo quando duvidavam, então os anos difíceis de luta parecerão apenas um sonho. Você estará em pé e corajoso, nutrido e fortalecido pela luta, recriado para uma vida nova, melhor e mais forte, tudo isso graças a uma batalha nobre, travada com nobreza por uma causa igualmente nobre. E então vai ter a impressão de que o preço foi nada.

Edição: 1ª
Fonte: Archer